SOR LUCIA Y LA DEVOCIÓN DE LOS CINCO PRIMEROS SÁBADOS

Editorial San Román

MANUEL DE SANTIAGO Y GONZÁLEZ

SOR LUCIA Y LA DEVOCIÓN DE LOS CINCO PRIMEROS SÁBADOS DE MES

Centenario de la aparición de Pontevedra (1925-2025)

Editorial San Román

© 2025 Manuel de Santiago y González

© 2025 De la presente edición de España:
Ediciones San Román.
C/ Zurbano 65, 3.º Izda. 28010 Madrid.
editorialsanroman@gmail.com
www.editorialsanroman.com

Todos los derechos reservados. Hecho el depósito que marca la Ley.
Primera edición: diciembre 2025

Depósito legal: M-24676-2025
ISBN: 978-84-17463-02-1

Impreso en España por: Artes Gráficas COFÁS, S.A. Móstoles
(Madrid)

Índice

ANEXOS

Prólogo

Don Manuel nos hace una nueva entrega sobre la presencia de N.ª Sr.ª de Fátima en Pontevedra. Mi cordial enhorabuena por contarnos con tanta maestría y fe la presencia de María en nuestra tierra. Es realmente un gran don para todos los que vivimos la fe en esta hermosa parcela de la Iglesia Universal.

María se manifestó aquí, en Tui y en Pontevedra, a la hermana Lucia y Don Manuel ha sabido acercar a nosotros su mensaje. Así lo hizo en su publicación sobre los Santos Pastorcitos y Sor Lucia en Tuy.

En la consagración del Papa San Juan Pablo II de la Iglesia y del mundo, encontramos la síntesis de las revelaciones de Fátima a la Iglesia y al mundo:

«Te saludamos a ti, que estás totalmente unida a la consagración redentora de tu Hijo. Madre de la Iglesia: ilumina al Pueblo de Dios en los caminos de la fe, de la esperanza y de la caridad. Ilumina especialmente a los pueblos de los que tú esperas nuestra consagración y nuestro ofrecimiento. Ayúdanos a vivir en la verdad de la consagración de Cristo por toda la familia humana del mundo actual. Al encomendarte, oh Madre, el mundo, todos los hombres y pueblos, te confiamos también la misma consagración del mundo, poniéndola en tu corazón maternal. ¡Corazón Inmaculado! Ayúdanos a vencer la amenaza del mal, que tan fácilmente se arraiga en los corazones de los hombres de hoy y que con sus efectos inconmensurables pesa ya sobre la vida presente y da la impresión de cerrar el camino hacia el futuro.
¡Del hambre y de la guerra, líbranos!

¡De la guerra nuclear, de una autodestrucción incalculable y de todo tipo de guerra, líbranos!
¡De los pecados contra la vida del hombre desde su primer instante, líbranos!
¡Del odio y del envilecimiento de la dignidad de los hijos de Dios, líbranos!
¡De toda clase de injusticias en la vida social, nacional e internacional, líbranos!
¡De la facilidad de pisotear los mandamientos de Dios, líbranos!
¡De la tentativa de ofuscar en los corazones humanos la verdad misma de Dios, líbranos!
¡Del extravío de la conciencia del bien y del mal, líbranos!
¡De los pecados contra el Espíritu Santo, líbranos!, ¡líbranos!
Acoge, oh Madre de Cristo, este grito lleno de sufrimiento de todos los hombres. Lleno del sufrimiento de sociedades enteras.
Ayúdanos con el poder del Espíritu Santo a vencer todo pecado, el pecado del hombre y el «pecado del mundo», el pecado en todas sus manifestaciones.
Aparezca, una vez más, en la historia del mundo el infinito poder salvador de la Redención: poder del Amor misericordioso. Que este detenga el mal. Que transforme las conciencias. Que en tu Corazón Inmaculado se abra a todos la luz de la Esperanza».

El Santo Padre intenta alcanzar una comprensión del ser humano como interpelado por la revelación y en referencia a una relación especial con Dios. Por ello estudia al hombre concreto, no un hombre hipotético, sino dentro de una circunstancia especial que llamamos «historia de la salvación». Entendemos aquí como salvación —en forma muy genérica naturalmente— ese factor englobante de toda la existencia humana que le da sentido para seguir viviendo con una experiencia de plenitud y para esperar ahora y en el futuro un algo definitivo y mejor. No se refiere, pues, a un más allá feliz exclusivamente; parece claro que, si aquí uno ha encontrado «sentido» a su vida, lo hallará igualmente en un más allá «junto a Dios». Esta salvación, que a través de lo religioso incide en el sentido último de nuestra vida, es presentada desde la fe como un proyecto de gratuidad y libertad divinas porque se resuelve en una participación o comunión en la misma vida de Dios. Por ello, la Gracia, define por sí misma la existencia cristiana al encerrar en sí el último misterio que, en definitiva, es el contenido central de la oferta soteriológica cristiana. Esta salvación, que es Gracia, es también histórica, es decir, aunque proviene de Dios se realiza en una historia humana. La historia, iluminada a través de este prisma, sin cambiar materialmente, se convierte cualitativamente en historia de salvación. La historia de salvación es la serie de acontecimientos temporales conocidos a la luz de la fe, por los que Dios invita a la humanidad a la salvación, por los que la humanidad responde a esta vocación divina, y que van preparando, por su mutua conexión, la salvación escatológica. La revelación expone así la condición humana narrando una historia que comienza con la creación de Adán y acaba con el triunfo escatológico del nuevo Adán, que es Cristo, el Cordero del Apocalipsis. En esta historia, S. Pablo distingue dos fases: la primera comprende el hombre bajo el signo de Adán, la segunda, bajo el signo de Cristo (cf. 1Cor. 15,45-49; Rom 5,12-21). En la imagen paulina nosotros vemos no solo dos momentos sucesivos de la historia de la humanidad, sino dos constantes de la vida del hombre. Todo hombre está marcado al mismo tiempo por el signo de Adán y por el signo de Cristo. La fe cristiana tiene en cuenta esta doble vertiente de la existencia humana, aunque la primera está resuelta positivamente en la segunda: *donde proliferó el pecado sobreabundó la gracia* (Rom 5,20).

La acción de Dios, Señor de la Historia, y la corresponsabilidad del hombre en su dramática y fecunda libertad, son los dos goznes sobre los que se construye la historia de la humanidad.

La Virgen que se apareció en Fátima nos llama la atención sobre estos dos valores olvidados, sobre este porvenir del hombre en Dios, del que somos parte activa y responsable.

Estimado lector, la obra de Don Manuel tiene como dos partes: una doctrinal y una pastoral que pueden ser muy útiles en nuestra espiritualidad y trabajos apostólicos por eso, con verdadero gozo recomiendo la presente obra del párroco de Goyán a todos los creyentes y personas de buena voluntad.

+ Antonio J. Valín Valdés

Obispo de TUI-VIGO

Introducción

«No somos el producto casual y sin sentido de la evolución. Cada uno de nosotros es el fruto de un pensamiento de Dios. Cada uno de nosotros es querido, cada uno es amado, cada uno es necesario. Nada hay más hermoso que haber sido alcanzados, sorprendidos, por el Evangelio, por Cristo. Nada más bello que conocerle y comunicar a los otros la amistad con Él».[1]

Comienzo con estas palabras del inolvidable Benedicto XVI. Palabras que centran lo que quiero expresar en este capítulo. La vida de los Pastorcitos no es otra cosa que la de ser conscientes de su elección, desde toda la eternidad, por Dios. Estaban en la mente de Dios Creador, no solo el lugar, sino también el mensaje y los Mensajeros:

> *«...porque en los planes de Dios, en la Luz de Su Inmenso Ser (el Mensaje) no ha cambiado, es eterno, es el mismo dado ahora en el día, hora e instante determinado, porque en lo íntimo de su Ser Divino, todo está presente sin pasado ni futuro. Así desde toda la eternidad, antes de que el mundo existiera, el Señor tenía presente aquel lugar inhóspito, solo por Él escogido para casa de Dios y arca de la alianza (...) De haber sido escogido por los hombres, habría sido desechado».*[2]

1 BENEDICTO XVI, *Homilía de la Santa Misa en la imposición del palio y entrega del Anillo del Pescador en el Solemne Inicio del Ministerio Petrino del Obispo de Roma*, 24 de abril de 2005.

2 MARÍA LUCIA DE JESÚS Y DEL CORAZÓN INMACULADO, SOR, *Cómo veo el Mensaje a través de los tiempos y de los acontecimientos*, Carmelo de Coímbra, Secretariado de los Pastorcitos, 2006, p. 13

La mensajera de la Divina Señora pone de manifiesto lo que es patente a lo largo de la Sagrada Escritura: Dios elige lo que no es, para manifestarse. Elige a los *Anawin*, los «pobres de Yahveh», para manifestar su gloria. Cuando a Natanael le hablan de Jesús, preguntará: «*¿Es que de Nazaret puede salir algo bueno?*» (Jn 1,46). La vidente describe el lugar y los elegidos como algo que los hombres jamás tendrían en cuenta:

«¡Cómo! ¿Para tan gran mensaje una serranía agreste, un pedregal, desprovisto de cualquier atractivo natural, carente de medios de transporte, sin nada para cobijar a las personas de los ardores del sol, ni de las lluvias torrenciales del invierno, frío y tempestades, truenos y relámpagos, del relente de las madrugadas desapacibles y lluviosas? ¡A los hombres, hubiera parecido una locura, nadie acudiría a semejante lugar!».[3]

Lo que dice Lucia del lugar, lo afirma de los Pastorcitos. Recuerda las palabras de la Virgen en el Magníficat: «*Derribó a los potentados de sus tronos y ensalzó a los humildes*» (Lc 1,53).

«Lo que digo de la elección del lugar, lo afirmo de la elección que hizo el Señor de los instrumentos de los que quiso servirse para realizar los planes que su misericordia infinita había diseñado para la Humanidad caída. Elige tan pobres criaturas ignorantes, que los hombres habrían rechazado, como incapaces de servir para la realización de tal proyecto. Porque Dios actúa al contrario de los hombres, elige lo que no sirve para servirse de ellos, porque suya es la sabiduría, la ciencia, el poder y el querer, para comunicar lo que es su voluntad».[4]

Los Pastorcitos viven para dar a conocer al mundo entero, con absoluta fidelidad, lo que la Celestial Señora les

---

3 MARÍA LUCIA DE JESÚS Y DEL CORAZÓN INMACULADO, SOR, *Cómo veo el..., op. cit.,* p. 14.
4 *Ibidem*, p.15.

dijo, no importando lo que han de sufrir, incluso en el seno de la misma familia y vecinos.

El corazón del mensaje lo esculpirá la Señora más brillante que el sol, el día 13 de octubre de 1917. *«Y tomando un aspecto más triste* (la Señora dice)*: No ofendan más a Dios que ya está muy ofendido».*[5]

La Virgen tiene pena de sus hijos que caminan por derroteros conducentes a la condenación eterna. Viene a alertarnos y a pedirnos que volvamos al Creador y Señor. Nos lo recuerda el Catecismo del P. Astete: *«¿Y para qué fin ha criado Dios al hombre? R: Para servirle en esta vida y después gozarle en la eterna».*

Dios elige y prepara los instrumentos, dándoles las gracias y dones que precisan para llevar a cabo la misión recibida:

> *«Inició Dios la preparación de los instrumentos que escogió, cuando ellos, despreocupados, rezaban y jugaban, haciendo pasar por delante, suave y levemente, como si fuera una nubecilla blanquecina, más brillante que el sol, como una figura humana, como bajada del cielo, atrayendo la mirada y llamando su atención. ¿Qué es aquello? Se preguntaban entre sí las humildes criaturas».*[6]

El cristiano está llamado, como los Pastorcitos, a cambiar el rumbo de la historia.[7]

---

5 MARÍA LUCIA DE JESÚS Y DEL CORAZÓN INMACULADO, SOR, *Memorias de la Hermana Lucia*, Tomo IV, II, n° 8, Carmelo de Coímbra, Fátima, Secretariado de los Pastorcitos, 2006, p. 90.

6 MARÍA LUCIA DE JESÚS Y DEL CORAZÓN INMACULADO, SOR, *Cómo veo el…, op. cit.,* p. 17.

7 BENEDICTO XVI, Discurso del 20 de agosto de 2005, XXIII Jornada Mundial de la Juventud en Sydney, Hipódromo de Randwick, Explanada de Marienfeld: *«Los santos, como hemos dicho, son los verdaderos reformadores. Ahora quisiera expresarlo de manera más radical aún: solo de los santos, solo de Dios proviene la verdadera revolución, el cambio decisivo del mundo. (…) No son las ideologías las que salvan el mundo, sino solo dirigir la mirada al Dios viviente, que es nuestro creador, el garante de nuestra libertad,*

«…y solo los que son santos serán los que podrán cambiar el curso de los acontecimientos en lo profundo o sostener su lealtad con las bases perennes. La historia de la salvación es la historia de la relación de Dios con los hombres dentro de la historia universal. Así, se puede concluir que la historia de la Iglesia es la historia de los santos, que son aquellos a quienes Dios ha encargado motivar procesos espacio-temporales llamados a comprometerse de veras con la historia (…). En el fondo, con ellos descubrimos que el Espíritu Santo es (…) el actor de la historia».*[8]

El cristiano, como hijo de Dios e instrumento en las manos del Creador es quien más conciencia tiene de su responsabilidad histórica y su compromiso con el mundo en el que vive:

«(…) porque su ámbito no se limita a lo que toca y palpa ahora, en este momento o en aquel. El hombre que cree siente la responsabilidad más fuerte que puede sentirse en la historia: su propia salvación y la de los demás hombres. Esto le lleva a afirmar que entonces 'la fe es factor decisivo en la historia, porque el hombre que cree sabe que el mundo, el momento histórico que le toca vivir, es su tarea'».[9]

En este contexto y a la luz de estas palabras sitúo la vocación de los Pastorcitos. Llamados por Dios para ser instrumentos de salvación en los comienzos del siglo XX. Elegidos como faros de luz en un mundo sumido en las tinieblas: *«Pasmaos, cielos, de esto y horrorizaos, estupefactos sobremanera, oráculo de Yahvé. Pues un doble mal ha cometido mi pueblo: dejarme a mí, la fuente de aguas vivas, para escavarse cisternas agrietadas, incapaces de contener el agua»* (Jr. 2,12-13). Los

---

el garante de lo que es realmente bueno y auténtico. La revolución verdadera consiste únicamente en mirar a Dios, que es la medida de lo que es justo y, al mismo tiempo, es el amor eterno. Y ¿qué puede salvarnos sino el amor?».

8 PÉREZ-BOCCHERINI STAMPA, GONZALO, *El alma católica. El pensamiento del Cardenal Marcelo González Martín*, Homo Legens, Madrid, 2023, p. 117.

9 *Ibidem*, p. 81.

hombres mueren de sed porque han rechazado a Jesús. Los humanos buscan entre lo que no es. Terminan frustrados, tristes, desesperanzados. Él es el único que nos da el agua viva: *«Quien bebe de esta agua volverá a tener sed; pero el que beba el agua que yo le diere no tendrá jamás sed; que el agua que yole dé se hará en él fuente que salta hasta la vida eterna»* (Jn 4,13-14).

Los santos no se diluyen en el olvido de los tiempos. Surgen de nuevo, en cada ocaso de la historia como torrentes de luz, como veneros puros, incontaminados, cuya agua fertiliza los campos sedientos:

«(...) la santidad es lo que aleja al hombre de la nada, de terminar en el polvo de la muerte al acabar sus días. Y es la que enlaza la historia humana con la eternidad. (...) 'Los hombres no se disuelven en la historia, en muertos para siempre. El culto a los santos no es una forma pueril de piedad, sino la madurez de la relación cristiana con Dios'. (...) Esta visión sobrenatural que da un nuevo sentido a la historia hace que los santos 'signifiquen para nosotros una meta de nuestro propio desenvolvimiento religioso. Muestran objetivos y caminos, liberan energía que continúa su influjo a través de los siglos. Viven, están más cerca de nosotros que nunca. No son difuminados en Dios, sino confirmados en Él».[10]

Esto sucede en la vida de los Pastorcitos. Sin su fidelidad al mensaje, el siglo XX permanecería ininteligible, no sería lo mismo.[11]

Un último apunte que manifiesta el actuar de los santos a lo largo de los tiempos: *«La historia de los santos es una reali-*

---

10   *Ibidem*, p. 83.

11   *Ibidem*: «*Cuando la sociedad antigua se descompone, surge un san Benito que con su espíritu presta los mejores servicios a la civilización cristiana. (...) cuando en monasterios y conventos se oye demasiado el ruido del mundo, san Bernardo restaura en las almas mejores el sentido de la contemplación y de la paz, al igual que san Francisco de Asís (...) Más tarde, en otra época difícil, santos como san Felipe Neri, san Ignacio de Loyola, santa Teresa de Jesús, impulsan la gran corriente que se inicia con el Concilio de Trento...*». Y otros más que surgen en los momentos de encrucijada de la historia.

dad performativa, que transforma las situaciones y compromete a las personas. (…) Y aún los incrédulos lo buscan a veces, seguros de encontrar en su trato con ellos fortaleza, serenidad y paz».[12] Lejos de Dios no se está bien: «(…) ser imagen de Dios significa, primero que nada, que el hombre no puede existir cerrado en sí mismo. Si lo intenta, hierra. Ser imagen de Dios quiere decir: Referencia. (…) En consecuencia, se es más hombre cuando se sale de sí mismo, cuando se es capaz de llamar a Dios, Tú».[13]

Hay que retomar el camino de la santidad, del ajustarse a la voluntad de Dios, como camino para transformar el mundo. Aun cuando parezca que los instrumentos elegidos son pocos, pobres, personas que no cuentan, son imprescindibles.[14] Son los cinco panes y los dos peces necesarios para que Jesús alimente a la multitud. O la obediencia de los servidores en Caná, para que el Maestro transforme el agua en vino de calidad suprema. El Maestresala llamó al novio «y le dijo: todos sirven primero el vino bueno y cuando ya están bebidos, el peor; pero tú has guardado hasta ahora el vino mejor» (Jn 2,10).

Hablando de los Pastorcitos, de su pequeñez y de su trascendental importancia en la historia de la salvación dice Benedicto XVI:

«El hombre ha sido capaz de desencadenar una corriente de muerte y de terror, que no logra interrumpirla… En la Sagrada Escritura se muestra a menudo que Dios se pone a buscar a los justos para salvar la ciudad de los hombres y lo mismo hace aquí, en Fátima, cuando Nuestra Señora pregunta: «¿Queréis ofreceros a Dios para soportar todos los sufrimientos que Él quiera mandaros, como acto de reparación por los pecados por los cuales Él es ofendido, y como súplica por la conversión de los pecadores?» (Memórias da Irmã Lucia, I, 162). (…) Al principio fueron solo tres, pero el ejemplo de

---

12 *Ibidem*, p. 86.
13 RATZINGER, JOSEPH, *En el Principio creó Dios. Consecuencias de la Fe en la Creación*, EDICEP, Madrid, 2001, p. 66.
14 Cfr. MARTÍNEZ SELLÉS, MANUEL, *Verdades incómodas para personas autónomas*, Rialp, Madrid, 2025, p. 11.

sus vidas se ha difundido y multiplicado en numerosos grupos por toda la faz de la tierra».[15]

Dios, al llamarnos, nos reviste de todas las cualidades y dones que necesitamos para esculpir la imagen que él tiene de nosotros desde toda la eternidad.

«Jesús quiere hacernos entender que la vida de quienes creen en Dios «no puede reducirse a una obediencia ansiosa y forzada, sino que debe tener como principio el amor». Querer con corazón, mente, alma y fuerzas. Pero, ¿cómo conseguirlo? San Pablo señalaba el camino a los filipenses: «Tened entre vosotros los mismos sentimientos que tuvo Cristo» (Flp 2,5); sentir y reaccionar, ante todo —personas, acontecimientos, situaciones— como Jesús. Desde los sentimientos de Cristo se superan las divisiones interiores que ponen en jaque la estabilidad del amor. Si, además de seguir los pasos y las palabras del Señor, buscamos sentir como él, daremos con esa sencillez y felicidad que ansiaba el escriba».[16]

Esto sucedió en la vida de Lucia justo en el día de su primera confesión.

«El buen sacerdote (el Padre Cruz), después de haberme oído, me dijo estas palabras: 'Hija mía, tu alma es templo del Espíritu Santo. Guárdala siempre pura, para que Él pueda continuar en ella su acción divina.' Al oír estas palabras, me sentí penetrada de respeto por mi interior y pregunté al buen confesor cómo debía hacer. 'De rodillas, a los pies de nuestra Señora, pídele, con mucha confianza, que haga suyo tu corazón, que lo prepare para recibir mañana dignamente a su querido Hijo y que lo guarde para Él solo'».[17]

---

15   BENEDICTO XVI, *Homilía,* 10° Aniversario de la Beatificación de los Pastorcillos de Fátima, Fátima, Portugal, 13 de mayo de 2010.

16   RODRÍGUEZ LUÑO, ÁNGEL, *Muy humanos, muy divinos (III): Buscar los sentimientos de Cristo,* artículo electrónico disponible en Bibliografía.

17   SOUSA SILVA, MANUEL FERNANDO, *Los Pastorcitos de Fátima,* Editorial San Román, Madrid, 2017, p. 114.

Y recibió otro regalo del Cielo:

> «*Le pedí, pues, (a la Virgen del Rosario), con todo el ardor de que fui capaz, que guardase, para Dios solo, mi pobre corazón. Al repetir varias veces esta humilde súplica, fijos los ojos en la imagen, me pareció que ella me sonreía y que, con una mirada y gesto de bondad, me decía que sí. Quedé tan inundada de gozo, que muy difícilmente conseguía articular palabra*».[18]

Al día siguiente recibió la Sagrada Comunión. Consideró una nueva caricia del Cielo el ser la primera en acercarse al Sagrado Banquete:

> «*Comenzó la santa Misa cantada y cuanto más se acercaba el momento, el corazón me latía más aprisa, en la espera de la visita del gran Dios que iba a descender del Cielo para unirse a mi pobre alma (…) Le dirigí entonces mi súplica: 'Señor, hazme santa, guarda mi corazón siempre puro, para Ti solo'. Aquí me pareció que nuestro buen Dios me dijo, en el fondo de mi corazón, estas palabras: 'La gracia que hoy te es concedida permanecerá viva en tu alma, produciendo frutos de vida eterna*».[19]

Podemos concluir que el Señor le concede la gracia de perseverar siempre en el camino de la santidad.

Lucia, Francisco y Jacinta conforman su vida con el querer de Dios. Será en la primera aparición de la Señora más brillante que el sol cuando descubran lo que Dios quiere de ellos. Más tarde hablaremos de la vocación-misión de cada uno de los videntes. Ahora me limito a reseñar lo que ha de ser común en su camino de santidad, que no es otra cosa más que ser fieles a la voluntad de Dios.

---

18   MARÍA LUCIA DE JESÚS Y DEL CORAZÓN INMACULA-DO, SOR, *Cómo veo el…*, *op. cit.*, p. 95.

19   SOUSA SILVA, MANUEL FERNANDO, *Los Pastorcitos de…*, *op. cit.*, p. 116.

El 13 de mayo de 1917, en Cova de Íria, la Señora les preguntará:

> *«¿Queréis ofreceros a Dios para hacer vuestros los sufrimientos que Él quiere enviaros, en reparación de los pecados con los que Él es ofendido y de súplica por la conversión de los pecadores? —Sí queremos. —Tendréis, pues, mucho que sufrir, pero la gracia de Dios será vuestra fortaleza».*[20]

Este sí y sus consecuencias conformará el paso de los videntes por este mundo. Será la Estrella Polar que marque el rumbo a seguir.

Los Pastorcitos unirán todos los sufrimientos y toda su vida a la Santa Misa, sacrificio de alabanza, de acción de gracias y de petición. La vida de los videntes es toda ella una vida eucarística, centrada en Jesús que se ofrece al Padre:

> *«Lucha por conseguir que el Santo Sacrificio del Altar sea el centro y la raíz de tu vida interior, de modo que toda la jornada se convierta en un acto de culto —prolongación de la Misa que has oído y preparación para la siguiente—, que se va desbordando en jaculatorias, en visitas al Santísimo, en ofrecimiento de tu trabajo profesional y de tu vida familiar...».*[21]

El Ángel, en la segunda aparición, en Poço do Arneiro, a la pregunta de Lucía —¿cómo hemos de sacrificarnos?— responde recordando que toda la vida ha de ser eucarística, unida a la Santa Misa: *«De todo lo que pudiereis, ofreced a Dios un sacrificio en acto de reparación por los pecados con los que Él es ofendido y de súplica por la conversión de los pecadores».*[22]

---

20 MARÍA LUCIA DE JESÚS Y DEL CORAZÓN INMACULADO, SOR, *Memorias de la...*, *op. cit.*, pp. 162.164

21 ESCRIVÁ DE BALAGUER, JOSEMARÍA, *Forja*, RIALP, Madrid, 2001, n. 69.

22 MARÍA LUCIA DE JESÚS Y DEL CORAZÓN INMACULADO, SOR, *Memorias de la...*, *op. cit.*, II, II, n° 2, p. 62.

Dios no nos elige en masa. Nos llama a cada uno por nuestro nombre para encargarnos una misión concreta, personal e intransferible. O la cumplimos cada uno o quedará sin cumplir por toda la eternidad. Es cierto que Dios puede conseguirlo por otros caminos. Los Pastorcitos, llamados para ser los confidentes del Cielo, reciben, cada uno, una vocación especial, concreta. Vocación que descubren a través de lo que les va sucediendo y de las palabras que escuchan. No son caminos fáciles. Son caminos de cruz, de aceptación de la voluntad de Dios. Suponen dejar la seguridad de la playa y embarcarse con Jesús para oír la canción que solo es comunicada a los audaces navegantes.

Es lo que sucede en la vida de Lucia. Con los pensamientos en tropel, que devastan su alma y derramando torrentes de lágrimas, pasó la tarde del día 14 de junio de 1921, recorriendo los lugares de las apariciones, lugares que anclan de modo especial su corazón. A la mañana siguiente, visitó Cova de Íria, se arrodilló junto a la cerca que protegía el lugar donde había estado la carrasca en la que había puesto sus pies la Madre de Dios,

«*(…) mientras pedía a Nuestra Señora perdón por no ser capaz de darle ahora este sacrificio que me parecía superior a mis fuerzas. Recordaba sí, aquel hermoso día 13 de mayo de 1917, en el que había dado mi Sí, prometiendo aceptar todos los sacrificios que Dios quisiera enviarme. ¡Y este recuerdo brillaba como una luz en el hondón del alma, un remordimiento que me robaba la paz y hacía que brotase de mis ojos un torrente de lágrimas!*».

Las primeras luces del alba despiertan y dibujan aquel amado paisaje. Y, en la soledad silenciosa de Cova de Íria, acude en su ayuda Aquella que le dijo: «*Yo nunca te dejaré. Mi Inmaculado Corazón será tu refugio y el camino que te conducirá hasta Dios*».[23]

23 MARÍA LUCIA DE JESÚS Y DEL CORAZÓN INMACULADO, SOR, *Memorias*, I, 4ª M, cap. II, nº 4, Carmelo de Coímbra, Fátima, Secretariado de los Pastorcitos, 2005, p. 175.

Es la séptima aparición, que la Virgen había prometido el 13 de mayo de 1917:

«*Fue el día 15 de junio de 1921, viste mi lucha, la indecisión y el arrepentimiento del sí que antes había dado, la incertidumbre por lo que iría a encontrar, el propósito de volverme atrás. ¡Tomar conciencia de lo que abandonaba, y la añoranza que desgarraba mi corazón! El adiós a todo, en el despertar de la juventud donde un prometedor futuro me sonreía en la casa de mi querida Señora Dña. Asunción Avelar y otras personas que me lo ofrecían, el cariño maternal con que me trataban y al que yo correspondía con igual afecto, dejar todo y la casa paterna, por algo incierto que iría a encontrar, ¡me atenazaba el corazón y me hacía presentir lo que de ningún modo quería pensar!... ¿qué podría ser?, me preguntaba a mí misma. —No, digo a mi madre que no quiero ir y, con no aparecer mañana en Leiría, todo solucionado, regreso a Lisboa, a Santarém para la casa de mi querida Sra. Dña. Adelaida, o para Leiría, junto a las Señoras Patricio, en cualquiera de esos sitios estoy mucho mejor, puedo estudiar y conseguir un futuro prometedor. Para donde el Sr. Obispo me quiere llevar. ¡No sé cómo será, y con la condición de no regresar jamás a casa, lo que lleva consigo no ver a mi familia, ni estos lugares benditos! ¡Cova de Íria, Loca do Cabeço, Valinhos. Poço do Arneiro, la iglesia donde permanece mi Jesús Escondido y donde tantas gracias he recibido! ¡La sonrisa de mi Primera comunión! ¡Vila Nova de Ourém donde está enterrada Jacinta, y el cementerio en el que permanecen los restos mortales de mi querido padre y de Francisco! ¡Jamás volver a pisar esta tierra bendita, para ir, ¡solo Dios sabe a dónde! ¡Ni siquiera podré escribir a mi madre directamente! ¡De ninguna manera! ¡No voy!».*[24]

Era la lucha entre la naturaleza y la gracia, pues «*el espíritu está pronto, pero la carne es débil*» (Mt 26,41). En esta soledad sola, en medio del silencio de todo y de todos, Lucia

---

24 MARÍA LUCIA DE JESÚS Y DEL CORAZÓN INMACULADO, SOR, *O Meu caminho, I, p. 10*, Carmelo de Coímbra, tomado de: *Um Caminho sob o olhar de María*, Edições Carmelo, Fátima, 2013.

no tiene a nadie a quién pedir consejo. Y el Cielo acude en su auxilio. La Señora más brillante que el sol viene a quebrar el silencio y la soledad y traer la paz a su alma, como se lo había prometido. Regresemos a la narración fiel de Lucia:

> «*Con solicitud, una vez más descendiste a la tierra, y fue en ese momento que sentí Tu mano amiga y maternal tocarme en el hombro; levanté la mirada y te vi, eras Tú, la Madre Bendita para tenderme la mano e indicarme el camino; tus labios se abrieron y el dulce timbre de tu voz restituyó la luz y la paz a mi alma: «Aquí estoy por séptima vez. Vete, sigue el camino por donde el Sr. Obispo quiere llevarte, esa es la voluntad de Dios». Repetí entonces mi Sí, ahora mucho más consciente que aquel del día 13 de mayo de 1917».*[25]

Ese «SÍ» será el hilo conductor, la argamasa que consolida y da solidez, sentido y fuerza a toda su vida. Sintió las seducciones del mundo, las tentaciones del demonio y las llamadas de la naturaleza. Todo venció con heroica fidelidad a su «SÍ» del día 13 de mayo de 1917. El mundo fue para ella apenas el camino para Dios, y, aunque serpenteando el monte, trepó por la senda como rayo de luz, acorde con su íntimo deseo, hecho propósito y ofrenda generosa en favor de los hermanos: «*Quiero que mi vida sea una estela de luz que brille en el camino de mis hermanos indicándoles la fe, la esperanza y la caridad*».[26]

Lucia culminará su camino en el Carmelo de San José de Coímbra como carmelita descalza. Para eso la llamó Dios. Especialmente para difundir por el mundo la devoción al Inmaculado Corazón de María en unión con el Corazón Sacratísimo de Jesús.

¿Y cuál es la vocación de Jacinta y de Francisco y cuándo la descubren? Porque los tres son testigos de las apariciones del Ángel y de la Señora más brillante que el sol. Y, sin embargo, la vocación es diversa, única para cada uno.

---

25 *Ibidem.*
26 *Ibidem*, p. 183.

Jacinta descubre su vocación en dos momentos: el 13 de julio de 1917, cuando la Virgen María les enseña el infierno. Ante los numerosos condenados que caen en el infierno: Exclama: *«¡Pobrecitos! ¡Hemos de rezar y hacer muchos sacrificios por ellos!».*[27] Y, posteriormente, en el Pozo d'Arneiro, cuando tiene la visión del Papa:

> *«¡No sé cómo fue! Yo vi al Santo Padre en una casa muy grande, de rodillas, delante de una mesa, con las manos en la cara, llorando. Fuera de la casa estaba mucha gente y unos le tiraban piedras, otros le maldecían y le decían palabras feas (lo insultaban). ¡Pobrecito el Santo Padre! Hemos de pedir mucho por él» (…) Y en otra ocasión: «¿No ves tantas carreteras, tantos caminos y campos llenos de gente, llorando con hambre y no tiene nada para comer? ¿Y el Santo Padre en una iglesia, delante del Corazón de María, rezando? ¿Y tanta gente rezando con él?».*[28]

Y, finalmente, Francisco, encuentra su vocación después de recibir, de manos del Ángel en el Cabeço, al escuchar: *«Tomad y bebed el Cuerpo y la Sangre de Jesucristo, horriblemente ultrajado por los hombres ingratos. Reparad sus crímenes y consolad a vuestro Dios».*[29] Estas palabras marcaron profundamente su alma e hicieron que naciese en él un gran amor a Jesús Sacramentado. Y decía:

> *«Mira, vete tú a la escuela. Yo quedo en la iglesia, junto a Jesús escondido. No merece la pena que aprenda a leer; dentro de poco voy al Cielo. Cuando regreses, vienes y me llamas. (…) Mira, ve a la iglesia y saluda con amor y cariño a Jesús escondido. Lo que más pena me causa es no poder ir y estar tiempo con Jesús escondido».*[30]

---

27 SOUSA SILVA, MANUEL FERNANDO, *Los Pastorcitos de…,* *op. cit.,* p. 219.
28 *Ídem,* pp. 338-339.
29 *Ibidem,* p. 167.
30 *Ibidem,* p. 326-327.

No hay más que una vida auténtica, verdadera: la vida en Dios, vivir en gracia de Dios:

«Cuando nuestro corazón no percibe y acepta la existencia de Dios, dejamos de vivir verdaderamente. El corazón que se ha vaciado intenta entonces sacar vida de otras fuentes, pero al hacerlo se embarca en el camino de la autodestrucción. Así lo demuestran los numerosos signos de nuestro tiempo en los que aparecen de forma evidente las trágicas consecuencias de la ausencia de Dios».[31]

Queda patente a lo largo de siglo XX, siglo que vio cómo crecía la maldad hasta extremos nunca vistos.[32] Todo ello en nombre de la libertad, de la autonomía y de la negación de Dios.

«Ante los horrores del mundo se abre paso una vez más esta pregunta: ¿Existe Dios? Y si existe, ¿es realmente bueno? ¿O no será más bien una realidad misteriosa y peligrosa? En los tiempos modernos esa pregunta se presenta bajo otra forma: la existencia de Dios parece ser el límite de nuestra libertad. Dios parece ser una especie de vigilante que nos persigue con su mirada. En la época moderna, la rebelión contra Dios adquiere los rasgos del terror ante la mirada omnipresente de Dios. Esta mirada se nos presenta como una amenaza, preferimos que no nos vean, solo queremos ser nosotros mismos, y nada más».[33]

Los hombres se alejan de Dios. Es más, desde la Ilustración, el objetivo es la muerte de Dios. Si Dios existe, el hombre no es libre, no puede realizarse a sí mismo. Muerto Dios, el hombre rompe las cadenas que le esclavizan y puede hacer

---

31   RATZINGER, JOSEPH, *La Nueva Europa, Identidad y Misión,* BAC, Madrid, 2022, p. 173; cf. Martínez Sellés, MANUEL, *Verdades incómodas para…, op. cit.,* pp. 12-13.
32   Cf. KOCH, STEPHEN, *El fin de la inocencia,* Ediciones Galaxia Gutenberg, Barcelona, 2024.
33   RATZINGER, JOSEPH, *La Nueva Europa…, op, cit.,* p. 73.

lo que quiere. Es bueno lo que el hombre decide que lo es. Y malo, todo aquello que el hombre tiene como tal:

> *«Una de las consecuencias de la «muerte de Dios» es la de la negación del valor de la moral y la toma de conciencia de la falta de sentido de todos los valores en cuanto su propio valor se había hecho derivar de ese Dios inexistente como su principio y fundamento último y único. Si Dostoievski ya había planteado en su novela* Los hermanos Karamazov *–a través de su personaje Iván Karamazov— que, si Dios no existe, todo está permitido, Nietzsche, admirador de Dostoievski como psicólogo, llega a ese mismo resultado negando en consecuencia el valor de la moral tradicional en cuanto se basaba en la creencia en ese supuesto Dios como su legislador».*[34]

El hombre se realiza en la medida que se identifica con lo que Dios quiere de él. La llamada de Dios y la respuesta a esta llamada es lo que hace al hombre justo. Es decir; alguien a la medida del Creador. Y así el hombre goza de perfecta libertad. Identificando su voluntad con la de Dios, deja la esclavitud y vive libre con la libertad de los hijos de Dios: *«Para que gocemos de libertad, Cristo nos ha hecho libres: manteneos, pues, firmes y no os dejéis sujetar al yugo de la servidumbre»* (Gal 5,1).

Los Pastorcitos, de manos de la Señora más brillante que el sol, se encontraron con Jesús y lo hicieron el centro de sus vidas. Desde la primera aparición de la Virgen sabían que llegarían al Cielo, que Dios tenía preparada para ellos una casa desde toda la eternidad. Y, con la mirada puesta en la meta, caminaron tomando la Cruz y siguiendo al Maestro:

> *«Si el horizonte último del caminar cristiano es la participación en el vivir trinitario y, en consecuencia, la comunión con el Padre, el camino que nos conduce hacia el Padre, es Cristo, el Verbo hecho hombre. La vida divina se derrama,*

---

34 GARCÍA NIETO, ANTONIO, *Nietzsche: la «muerte de Dios»*, 2020, artículo electrónico disponible en Bibliografía.

por decir así, en la humanidad de Jesús, de modo que es incorporándonos, en virtud de la acción del Espíritu Santo, a esa humanidad como tenemos acceso a la vida divina».[35]

Con fidelidad amorosa, con alegría en la Cruz, así vivieron los tres Pastorcitos su vocación y marcan un camino para quienes quieran servir a Dios, a la Señora más brillante que el sol y a la Santa Madre Iglesia.

35   ILLANES, JOSÉ LUIS, *Tratado de Teología Espiritual*, 3ª edición revisada, EUNSA, Pamplona, 2011, p. 219.

Capítulo I

Lucia en Pontevedra y la devoción
a los dos corazones

*«Dios inició en el Corazón de María la obra de
nuestra redención, con el FIAT de la Virgen le dio principio:
«María dijo entonces: He aquí la esclava del Señor, hágase
en mí según tu palabra (Lc 1,38). Y el Verbo se hizo hombre
y habitó entre nosotros (Jn 1,14)». De este modo, en la más
estrecha unión que puede existir entre dos seres humanos.
Las palpitaciones del Corazón de Cristo son también las
del Corazón de María, la oración de Cristo es la oración de
María, las alegrías de Cristo son las alegrías de María; de
María recibió Cristo el Cuerpo y la Sangre que han de ser,
respectivamente, inmolado y derramada para la salvación del
mundo. Por eso, María, una con Cristo, es la corredentora
del género humano: con Cristo en su seno, con Jesucristo en
sus brazos, con Cristo en Nazaret, en la vida pública; con
Jesucristo subió al Calvario, sufrió y agonizó, haciendo suyos
en su Corazón Inmaculado los últimos dolores de Jesús, sus
últimas palabras, la última agonía y las últimas gotas de su
sangre, para ofrecérselas al Padre. Y María permaneció en
la tierra para ayudar a sus otros hijos a completar la obra
redentora de su Cristo, conservándola en su Corazón como
manantial de gracia».*[36]

36 MARÍA LUCIA DE JESÚS Y DEL CORAZÓN INMACULA-
DO, SOR, *Apelos da Mensagem de Fatima*, Carmelo de Coímbra, Secretariado dos Pastorinhos, Fátima, Portugal, p. 128 (Nota del autor: A partir
de ahora, todas las traducciones del portugués al español son del autor).

Las apariciones del Inmaculado Corazón de María y del Niño Jesús a Lucia en Pontevedra forman una unidad inseparable con Fátima y Tuy; y no puede ser comprendido dicho mensaje sin estos tres momentos, distantes en el tiempo pero inseparables.[37]

Varios son los hilos que forman la trama de este único tejido: Dios Padre nos quiere desde toda la eternidad y teme perdernos. Jesús muestra en la Cruz infinitamente este Amor paterno. La Madre de Dios y Madre nuestra viene a pedirnos que cambiemos nuestro rumbo de vida y que nuestro corazón lata al unísono con los Corazones de Jesús y de María. Y nos señala los medios para volver a Jesús, Camino, Verdad y Vida, única senda que conduce a participar de la intimidad del Padre y del Hijo y del Espíritu Santo:

> *«¿Cuál es justamente el mensaje de Fátima?* Creo que *puede resumirse con estas palabras:* la manifestación del Corazón Inmaculado de María al mundo actual, para salvarlo. *Parco en palabras e inmenso en su significado (…) En Fátima el Corazón Inmaculado se revela de modo especial bajo estos dos aspectos esenciales: el amor de Dios y la compasión hacia los hombres… El mensaje de Fátima nació del Corazón maternal de la Madre de Dios y nuestra».*[38]

Nos remontamos al 13 de julio de 1917, en Cova de Íria. La Santísima Virgen en ese día comunicó a los pastorcitos

---

37 INFOCATÓLICA: *Revelaciones privadas. Hermana Lucia explica que la devoción al Inmaculado Corazón de María es un «deber»*, artículo electrónico: *«La Hermana Lucia no dio a conocer esta solicitud porque se refería a uno de los tres secretos que los niños recibieron en las apariciones y que debían guardar, hasta que el Cielo dio el visto bueno. Dos años después, cuando sus superiores le pidieron que escribiera esta última aparición, primero fue a rezar ante el tabernáculo. Era el 17 de diciembre de 1927. Ella le preguntó a Jesús cómo iba a cumplir con esta solicitud que formaba parte de los secretos. Ella quería la autorización del Cielo antes de revelar nada. Lucia estaba preocupada por esta parte de las revelaciones de julio de 1917».*

38 LEITE, FERNANDO, *Jacinta de Fátima*, editorial Secretariado Nacional do Apostolado da Oração, 5ª edición, Braga, Portugal, pp. 211-212.

tres secretos, mejor, un secreto dividido en tres partes. Secreto que Lucia reveló al compás de la autorización que iba recibiendo del Cielo. En sus Memorias, Lucia explicó:

> «*Nuestra Señora nos dijo, en el secreto de julio, que Dios deseaba establecer en el mundo la devoción a su Inmaculado Corazón. Jesús desea que me hagas conocer y amar en la tierra. Él también desea que establezcas la devoción en el mundo a mi Inmaculado Corazón».*

Tres veces su Corazón Inmaculado fue mencionado en esa aparición de julio, refiriéndose también a la conversión de Rusia y la visión del infierno. Nuestra Señora dijo: *«Has visto el infierno, donde van las almas de los pobres pecadores. Es para salvarlos que Dios quiere establecer en el mundo la devoción a mi Inmaculado Corazón».*[39] Nuestra Señora le deja muy claro que la devoción a los dos Corazones es esencial en el mensaje.

La Virgen viene a pedir reparación y enmienda de vida destacando que los pecados llegan al Cielo a través del Corazón Inmaculado de María:

> «*La guerra va a acabar. Pero si no dejan de ofender a Dios en el reinado de Pío XI comenzará otra peor. Cuando viereis una noche iluminada con una luz desconocida,*[40] *sabed que es la señal que Dios va a castigar al mundo por sus crímenes, mediante la guerra, el hambre y la persecución a la Iglesia y al Santo Padre. (…) Para impedirla, vendré a pedir la consagración de Rusia a mi Inmaculado Corazón y la Comunión reparadora en los primeros sábados. Si acataren mis peticiones, Rusia se convertirá y tendrán paz; si no, esparcirá sus errores por el mundo, promoviendo guerras y persecuciones a la Iglesia. Los buenos serán martirizados, el Santo Padre*

---

39   MARÍA LUCIA DE JESÚS Y DEL CORAZÓN INMACULADO, SOR, *O Meu caminho… op. cit.*, p. 57

40   De esta aurora boreal dan noticia los periódicos. Por ejemplo, el Diario «El Mundo» (Madrid, España), relata: *«El 25 de enero de 1938, **hace ahora 75 años**, tuvo lugar una gran **aurora boreal que fue visible desde toda Europa**. España, en plena guerra civil, vivió el acontecimiento entre la sorpresa, el desconcierto y el miedo»*, como reseñan artículos en Bibliografía.

tendrá mucho que sufrir, varias naciones serán aniquiladas. Por fin, mi Inmaculado Corazón triunfará. El Santo Padre me consagrará Rusia que se convertirá y será concedido al mundo un tiempo de paz. En Portugal se conservará siempre el dogma de la fe, etc. Esto no se lo digáis a nadie. A Francisco sí podéis decírselo».[41]

Lucia llega a Pontevedra por primera vez el 26 de octubre de 1925. Parte de Tuy[42] justo la mañana siguiente del día que pisó por primera vez el Convento de las Hermanas Doroteas, donde pensaba permanecer, porque así se lo habían prometido.

Una orden de la Superiora le muestra que los planes de Dios son otros: dirigirse a Pontevedra. Se cumple en ella lo que Yahvé le dice a Abrán: *«Vete de tu tierra y de tu patria y de casa de tu padre a la tierra que yo te mostraré»* (Gen 12,1). Camino heroico de Lucia que hizo de su vida un permanente caminar al paso de Dios, descubriendo en cada jornada lo que significa el SÍ dado aquel 13 de mayo de 1917.

Quiere hacer siempre y en todo la Voluntad de Dios,[43] y así, pasito a pasito, de la mano de Nuestra Señora, que prometió estar siempre a su lado, llegará, por fin, a su lugar definitivo en esta tierra: al convento de Carmelitas Descalzas de Coímbra.

---

41 MARÍA LUCIA DE JESÚS Y DEL CORAZÓN INMACULADO, SOR, *Memorias, op. cit.*, n. 5, pp. 166-167. Citado también en Sousa Silva, Manuel Fernando, *Los Pastorcitos de…, op. cit., El silencio sobre las tres partes del único secreto*, pp. 212-213.

42 A Tuy había llegado en la tarde del 25 de octubre de 1925 (N. del A.).

43 JUAN PABLO II, Carta Encíclica *Redemptoris Mater*, 25 de marzo de 1987, n. 21: *«Otro elemento esencial de esta función materna de María se encuentra en las palabras dirigidas a los criados: "Haced lo que Él os diga". La Madre de Cristo se presenta ante los hombres como portavoz de la voluntad del Hijo, indicadora de aquellas exigencias que deben cumplirse. para que pueda manifestarse el poder salvífico del Mesías. En Caná, merced a la intercesión de María y a la obediencia de los criados, Jesús da comienzo a «su hora». En Caná, María aparece como la que cree en Jesús; su fe provoca la primera "señal" y contribuye a suscitar la fe de los discípulos».*

Permítame el lector introducir aquí la última etapa de la vida de Lucia para seguir cumpliendo la voluntad de Dios: su estación terminal, en esta tierra, será el Carmelo de Coímbra, en Portugal. De Tuy y Pontevedra se encaminará a este lugar elegido por la Providencia. Siempre de la mano de la Señora se pone en camino. Y llega a su destino. Coímbra. El día 24 de marzo de 1948 debía partir de modo inexorable, sin despedirse de la Comunidad para evitar más sufrimientos:

«Tenía un último deseo: llevar consigo una imagen del Niño Jesús que la Madre Superiora le había regalado en Tuy y que había recuperado tras un penoso incidente, protagonizado por una religiosa en España, que había dejado la imagen convertida en pedazos. Pero la Madre Provincial no se lo permitió. La naturaleza lo pedía, pero el corazón ofrecía con amor siempre renovado, cada vez mayor, y repetía: «¡Oh, Jesús, es por vuestro amor, por la conversión de los pecadores y en reparación por los pecados cometidos contra el Inmaculado Corazón de María!».[44]

Eran las cuatro y media de la madrugada del 25 de marzo de 1948 cuando Lucia se levantó:

«Acompañada por la Madre Brito llegué al Carmelo unos minutitos antes de las cinco y media. Me arrodillé en los bancos de la Iglesia delante del Santísimo. Poco tiempo después, apareció el Sr. Canónigo Rocha, que venía a darme la bendición, nos llevó hasta la portería, enseguida se abrió la puerta, un abrazo a la Madre Brito y entré como los israelitas, muy tempranito antes de nacer el sol para recoger el maná del desierto. Frente a la puerta de clausura, estaba la Comunidad en absoluto silencio. Cada una me abrazó con una amable sonrisa. Nos dirigimos al coro».[45]

---

44 MARÍA LUCIA DE JESÚS Y DEL CORAZÓN INMACU-
LADO, SOR, *O Meu caminho, I,* Carmelo de Coímbra, tomado de: *Um
Caminho sob o olhar …, op. cit.,* p. 336.

45 *Ibidem,* p. 342.

Ya en el coro participó en la ceremonia de su profesión Solemne y Perpetua como Carmelita Descalza. Cruzó el Jordán para entrar en la Tierra prometida, para vivir en todo y solo para su «Jesús escondido».

Hecho este paréntesis regresamos a Pontevedra a donde la Pastorcita había llegado para seguir los pasos que la Providencia tenía marcados. Allí estaba marcado el encuentro con la Señora. Lucia se deja llevar. No comprende, pero obedece. Sabe que la Señora le ha prometido seguridad y protección y que nunca la abandonará.

La vidente nos dice en su Diario: *«Una vez más guardé silencio en lo más íntimo de mi corazón y renové mi SÍ».*[46] Porque está en la tierra para identificarse con Jesús: *«Hágase, Señor, tu voluntad».* Y prosigue: *«¡Cuán felices, considero yo, las almas que, recibiendo de Dios gracias extraordinarias, consiguen pasar la vida guardándolas en silencio en lo secreto de su corazón! Pero cada alma ha de seguir el camino que Dios le trazó».*[47]

Ella misma nos describe el ambiente del convento de Pontevedra dejando escritas sus primeras impresiones, cuando su alma barruntaba deseos de un mayor recogimiento a solas con el Amado de su alma:

«Pero, oh mi Buen Amado, ¿para qué imprimes en mi alma el deseo de una vida más recogida, más a solas contigo? ¿Será, acaso, para pedirme ese sacrificio, esa renuncia? ¿Tendré que pasar por esto como Tú por la agonía de Getsemaní? Como Tú, diré también: Padre, si es posible, aparta de mi este cáliz; pero no se haga mi voluntad, sino lo que Tú quieres».[48]

Así nos lo cuenta:

«El ambiente de la casa (en Pontevedra) era lo que ahora llamamos ambiente de familia, de hogar. Las alumnas

---

46 *Ibidem*, p. 162.
47 *Ibidem*, p. 164.
48 *Ibidem*.

internas eran alumnas de la Normal y, en grupos, con interva-
los de casi una hora, iban y venían de la escuela. Estudiaban
y hablaban alto por toda la casa, cantaban, etc. Había dos
internados: uno para las niñas ricas y otra de pobrecitas, con
sus recreos, el ir y venir de las familias que venían a traerlas
y llevarlas, lo que era más parecido a una plaza pública que a
un convento».[49]

Y llegamos al gran día. Lucia escribe en su Diario lo
que le sucedió en el convento de las Hermanas Doroteas en
Pontevedra, el 10 de diciembre de 1925: *«Fue cuando atrave-*
saba un mar de angustias cuando mi querida Madre del Cielo
se dignó venir de nuevo al encuentro de aquella pobre hija, a la
cual había prometido una especial protección».[50] Y prosigue
Lucia:

> *«Era el día 10 de diciembre de 1925. Estaba en*
> *mi habitación, cuando de repente se ilumina: era la luz de*
> *la querida Madre del Cielo que venía con Jesús Niño en*
> *una nube luminosa. Nuestra Señora, como queriéndome*
> *infundir coraje, me pone dulcemente su mano maternal*
> *en el hombro derecho, mostrándome al mismo tiempo su*
> *Corazón Inmaculado que trae en la otra mano, rodeado*
> *de espinas; el Niño Jesús dijo: "Ten pena del Corazón de*
> *tu Madre Santísima que está cubierto de espinas que los*
> *hombres ingratos a todo momento le clavan sin haber quien*
> *haga un acto de reparación para arrancárselas". En se-*
> *guida dijo Nuestra Señora: "Mira hija mía, mi Corazón*
> *rodeado de espinas,*[51] *que los hombres ingratos en todo mo-*

---

49   *Ibidem,* p. 163.

50   *Ibidem,* p. 57. La promesa fue: «*No te desanimes. Yo nunca te de-*
jaré, mi Corazón Inmaculado será tu refugio y el camino que te conducirá
hasta Dios».

51   MARÍA LUCIA DE JESÚS Y DEL CORAZÓN INMACULA-
DO, SOR, *Memorias,* edición crítica de Cristina Sobral, Fátima, Portugal,
2016, p. 231, n. 71: «*Frente a la mano derecha de Nuestra Señora estaba un*
corazón rodeado de espinas que parecía estaban en él clavadas. Comprendi-
mos que era el Inmaculado Corazón de María, ultrajado por los pecados de la
humanidad que quería reparación».

*mento me clavan con blasfemias e ingratitudes. Al menos
tú procura consolarme y di a todos aquellos que durante
cinco meses, el primer sábado, se confiesen, recibiendo la
Sagrada Comunión, rezando una parte del Rosario y me hagan quince minutos de compañía, meditando los misterios del
Rosario, con el fin de desagraviarme, que yo prometo asistir-
les en la hora de la muerte con todas las gracias necesarias
para la salvación de sus almas. Después de esta gracia, ¿cómo
podía sustraerme al menor sacrificio que Dios quisiera pedirme? Para consolar el Corazón de mi querida Madre del
Cielo, feliz agotaría hasta la última gota del más amargo de
los cálices».* [52]

La devoción de los cinco primeros sábados de mes tiene como objeto reparar por cada uno de los cinco pecados
cometidos contra el Inmaculado Corazón de María y contribuir a su triunfo:

*«Permaneciendo en la capilla con Nuestro Señor par-
te de la noche del día 29 al 30 de este mes de mayo de 1930,
y hablando con Nuestro Señor [sobre la pregunta 5ª de por
qué cinco sábados y no más o menos] me sentí repentinamente poseída por la divina gracia, y, si no me engaño, me fue
revelado lo siguiente: "Hija mía, el motivo es sencillo: son
5 las especies de ofensas y blasfemias contra el Inmaculado
Corazón: 1ª. Las blasfemias contra el Inmaculado Corazón.
2ª. Contra su Virginidad. 3ª. Contra la Maternidad divina,
rechazando, al mismo tiempo, recibirla como Madre de los
hombres. 4ª. Los que se empeñan públicamente en infundir,
en los corazones de los niños, la indiferencia, el desprecio, e
incluso el odio contra esta Inmaculada Madre. 5ª. Quienes la
ultrajan directamente en sus imágenes"».* [53]

El 13 de junio de 1917, la Santísima Virgen le había dicho a los pastorcitos unas enternecedoras palabras para todos

---

52 MARÍA LUCIA DE JESÚS Y DEL CORAZÓN INMACU-
LADO, SOR, *O Meu caminho, I*, Carmelo de Coímbra, tomado de: *Um
Caminho sob o olhar …, op. cit.*, p. 168.
53 LEITE, FERNANDO, *Jacinta de Fátima, op. cit.*, pp. 222-223.

aquellos que vivieran y propagaran la devoción de los cinco primeros sábados: *«A quien acepte esta devoción, le prometo la salvación y estas almas serán amadas de Dios, como flores colocadas por Mí para adornar su trono».*[54]

Esta es la razón por la que la Señora del mensaje visita, una y otra vez, a sus hijos. El hombre ha sido creado para ser plenamente feliz.[55] Y solo lo consigue identificándose con la voluntad de Dios. Así es libre con la libertad de los hijos de Dios. Como nos dirá San Agustín: *«Nos creaste, Señor, para Ti y nuestro corazón no descansa mientras no repose en Ti».*[56]

Lucia entrevera en su corazón una mezcla de felicidad indescriptible con un dolor que le rompe el corazón por ver cómo Dios es tan ofendido

> *«(…) y querría sufrir todos los martirios en orden a reparar al Corazón Inmaculado de María, mi querida Madre y una por una arrancarle todas las espinas que tenía clavadas y lo laceraban, pero comprendí que esas espinas son el símbolo de los numerosos pecados que van contra el Hijo, traspasando el Corazón de la Madre. Sí, porque por ellos, muchos otros hijos se pierden eternamente».*[57]

Es el momento de fijarnos en el denominador común de las palabras, tanto de Jesús como de la Santísima Virgen. Y queda para otro momento el desarrollo en profundidad de este descubrimiento que hizo luz en mi mente para entender el papel único y sobresaliente de Santa María en la Redención. *«Todos sabemos que el corazón de una madre representa el amor en el seno de una familia»*, explica Lucia:

---

54   MARÍA LUCIA DE JESÚS Y DEL CORAZÓN INMACULADO, SOR, *Memorias*, I, *op. cit.*, cap. II, nº 4, p. 175.

55   Cf. FORMENT, EUDALDO, *Compendio de Filosofía Tomista*, Editorial San Román, Madrid, 2025, pp. 237-245.

56   SAN AGUSTÍN, *Confesiones*, Libro I, cap. I, n. 1, BAC, Madrid, 2023, p. 27.

57   MARÍA LUCIA DE JESÚS Y DEL CORAZÓN INMACULADO, SOR, *O Meu caminho, I*, Carmelo de Coímbra, tomado de *Um Caminho sob…, op. cit.*, p. 171.

«Del corazón de la madre, reciben los hijos la vida natural, el primer aliento, la sangre que da vida, el palpitar del corazón, como si la madre fuese la cuerda de un reloj que mueva ambos péndulos. Fijándonos en la dependencia del hijo en estos primeros momentos de su gestación en el seno materno, casi podríamos afirmar que el corazón de la madre es el corazón del hijo. Y lo mismo podemos decir de María, cuando llevó en su seno al Hijo del Padre Eterno. De este modo, el corazón de María, podemos decir, es el corazón de esta nueva generación cuyo primer fruto es Cristo, el Verbo de Dios».[58]

¿Por qué Jesús quiere la veneración al Corazón Inmaculado de su Madre junto a su Sagrado Corazón?

«En efecto, si es verdad que «el misterio del hombre solo se esclarece en el misterio del Verbo encarnado»,[59] *es necesario aplicar este principio de modo muy particular a aquella excepcional «hija de las generaciones humanas», a aquella «mujer» extraordinaria que llegó a ser Madre de Cristo. Sólo en el misterio de Cristo se esclarece plenamente su misterio. Así, por lo demás, ha intentado leerlo la Iglesia desde el comienzo. El misterio de la Encarnación le ha permitido penetrar y esclarecer cada vez mejor el misterio de la Madre del Verbo encarnado. En este profundizar tuvo particular importancia el Concilio de Éfeso (a. 431) durante el cual, con gran gozo de los cristianos, la verdad sobre la maternidad divina de María fue confirmada solemnemente como verdad de fe de la Iglesia. María es la Madre de Dios (Theotókos), ya que por obra del Espíritu Santo concibió en su seno virginal y dio al mundo a Jesucristo, el Hijo de Dios consubstancial al Padre».*[60]

---

58   MARÍA LUCIA DE JESÚS Y DEL CORAZÓN INMACULA-DO, SOR, *Apelos da Mensagem…, op. cit.,* p. 126.

59   CONCILIO VATICANO II, Constitución Pastoral *Gaudium et Spes,* 7 de diciembre de 1965, n. 22.

60   JUAN PABLO II, Carta Encíclica *Redemptoris Mater,* 25 de marzo de 1987, n. 4.

Debe haber, por tanto, en cada uno de nosotros una exigencia de consagración de todo cuanto somos y tenemos, de tal modo que, salvadas las distancias, pudiese suceder en nuestro corazón un cambio radical y pudiéramos decir con verdad lo mismo que san Pablo: *«ya no soy yo, es Cristo quien vive en mí»*:

> *«Fue en este Corazón que el Padre «encerró» a su Hijo, como si fuese el primer sagrario. María fue la primera custodia que lo guardó, y fue la sangre de su Corazón Inmaculado que comunicó al Hijo de Dios la vida de ser hecho carne, siendo de Él del que todos recibimos «gracia sobre gracia» (Jn, 1,16). (…) Comprobamos cómo la devoción al Corazón Inmaculado de María ha de establecerse en el mundo a través de una verdadera conversión y entrega. Como, por la consagración, el pan y el vino se convierten en el Cuerpo y la Sangre de Cristo, absorbidos[61] en el mismo ser de María. Es así como el Corazón Inmaculado de María ha de ser para nosotros el camino y el refugio que lleva a Dios».[62]*

No hay posible separación «salvo que la Iglesia defina lo contrario» entre el Corazón de Jesús y el Corazón Inmaculado de María.

    —13 de junio de 1917: *«Comprendimos que era el Inmaculado Corazón de María, ultrajado por los pecados de la humanidad, que quería reparación».*[63]
    —13 de julio de 1917: *«Sacrificaos por los pecadores y decid muchas veces, en especial siempre que hagáis algún sacrificio: 'Oh, Jesús, es por vuestro amor, por la conversión de los pecadores y en reparación por los pecados cometidos contra el Inmaculado Corazón de María'».*[64]

---

61   El verbo original en portugués, «haurir», es de difícil traducción: agotar, beber, aspirar, sorber (N. del A.).
62   MARÍA LUCÍA DE JESÚS Y DEL CORAZÓN INMACULADO, SOR, *Apelos da Mensagem…, op. cit.,* p. 126.
63   CARMELO DE COÍMBRA, *Un Caminho sob…, op. cit.,* p. 57.
64   *Ibidem,* p. 61.

—10 de diciembre de 1925: «*el Niño Jesús dijo:* «*Ten pena del Corazón de tu Madre Santísima que está cubierto de espinas que los hombres ingratos en todo momento le clavan sin haber quien haga un acto de reparación para arrancárselas*». *En seguida dijo Nuestra Señora:* «*Mira hija mía, mi Corazón rodeado de espinas, que los hombres ingratos en todo momento me clavan con blasfemias e ingratitudes*»».

Recabo otro testimonio más para consolidar la íntima unión de estos dos Corazones que el Cielo quiere unidos:

«*Habló [D. Antonio García y García, Obispo de Valladolid] con gran interés de la devoción al Inmaculado Corazón de María. Dijo que siempre estuvo persuadido de que el reinado del Corazón de Jesús no vendría sin ser precedido por (del) Corazón Inmaculado de María, pues por Ella nos viene todo*».[65]

En la visión de la Santísima Trinidad la Virgen le dijo: «*Son tantas las almas que la justicia de Dios condena por los pecados contra Mí que vengo a pedir reparación: sacrifícate por esta intención y reza*».[66]

Muy bien lo resume Lucia cuando nos dice que los pecados pasan por el Corazón de su Santísima Madre antes de llegar al Corazón de Jesús: «*comprendí que esas espinas son el símbolo de los numerosos pecados que van contra el Hijo, traspasando el Corazón de la Madre. Sí, porque por ellos, muchos otros hijos se pierden eternamente*».

Las palabras de Jesús y las de María parecen indicar que, así como todas las gracias llegan desde el Trono de Dios a cada uno por medio del Corazón Inmaculado de María, del mismo modo, la ingente multitud de los pecados de la Humanidad, antes de herir el Corazón de Jesús, hieren el Corazón Inmaculado de María. Comprendiendo el sentido de las revelaciones de Fátima, Jacinta, al despedirse de Lucia antes de

---

65   LEITE, FERNANDO, *Jacinta de Fátima, op. cit.,* p. 244.
66   CARMELO DE COÍMBRA, *Un Caminho sob…, op. cit.,* p. 198.

partir para Lisboa, le dijo estas palabras que encierran lo que hay de más íntimo en todo el Mensaje de Fátima:

> «*Me falta poco para irme para el cielo. Tú quedas en la tierra para decir que Dios quiere establecer en el mundo la devoción al Inmaculado Corazón de María. Cuando vayas a decir esto, no te escondas. Di a todo el mundo que Dios nos concede las gracias por medio del Corazón Inmaculado de María, que le pidan las gracias a Ella, que el Corazón de Jesús quiere que, a su lado, se venere el Corazón Inmaculado de María, que pidan la paz al Corazón Inmaculado de María, que Dios le entregó la paz a Ella. Si pudiese incendiar el corazón de todos con el fuego que tengo dentro quemando mi corazón y haciendo que ame tanto los Corazones de Jesús y de María*».[67]
>
> «*Fátima, de algún modo, es la continuación, mejor aún, la conclusión de Paray-Le-Monial: reúne a aquellos dos Corazones que el mismo Dios unió en la obra divina de la redención de los hombres*».[68]

Santa Margarita María de Alacoque escribió:

> «*Los Sagrados Corazones de Jesús y de María están de tal modo identificados y unidos, que no se puede tener entrada en el uno sin tenerla en el otro; con la diferencia que el Corazón de Jesús solo soporta las almas sumamente puras, mientras que el de María purifica, mediante las gracias que les obtiene, las [almas] que no lo son, poniéndolas en condiciones de ser recibidas por el Corazón de Jesús*».[69]

---

67   LEITE, FERNANDO, *Jacinta de Fátima, op. cit.*, pp. 239-240.

68   CARDENAL CEREJEIRA, *Diario «A voz», Lisboa, 8 de septiembre de 1946*, citado en Leite, Fernando, *Jacinta de Fátima, op. cit.*, p. 243. Repetimos la afirmación de Benedicto XV (…): «*Con razón se puede decir que Ella (*María*) con Cristo redimió el género humano*» (AAS, 10, 1918, p. 182). Este mismo pensamiento está desarrollado bellamente por Pío XII en la Encíclica *Mystici Corporis Christi* (AAS, 35, 1943, p. 247). Idéntica doctrina subyace en innumerables documentos de Juan Pablo II».

69   Cit. LEITE, FERNANDO, *Jacinta de Fátima, op. cit.*, p. 244.

¿No vemos aquí suficiente motivo para declarar Corredentora a María[70] y Mediadora universal de todo lo que nos llega del Cielo y al Cielo va?:[71]

---

70 CARMELO DE COÍMBRA, *Un Caminho sob..., op. cit.*, p. 200: «*Como en el Calvario, María está presente como intercesora y corredentora, Ella que es Medianera de todas las gracias y no se cansa de perseguir a sus hijos extraviados con su amor maternal y de advertirles de los peligros que corren, poniéndose en su lugar ante el Padre, pidiendo misericordia*».

71 DE CLARAVAL, BERNARDO *Sermón en el domingo infraoctava de la Asunción, 14-15*, en «De los Sermones de san Bernardo, abad. Opera omnia», edición cisterciense, 5, BAC, Madrid, 1968, pp. 273-274: «*El martirio de la Virgen queda atestiguado por la profecía de Simeón y por la misma historia de la pasión del Señor. Este "dice el santo anciano, refiriéndose al niño Jesús" está predestinado por Dios para ser signo de contradicción; tu misma alma "añade, dirigiéndose a María" quedará atravesada por una espada.*

En verdad, Madre santa, atravesó tu alma una espada. Por lo demás, esta espada no hubiera penetrado en la carne de tu Hijo sin atravesar tu alma. En efecto, después que aquel Jesús "que es de todos, pero que es tuyo de un modo especialísimo" hubo expirado, la cruel espada que abrió su costado, sin perdonarlo aun después de muerto, cuando ya no podía hacerle mal alguno, no llegó a tocar su alma, pero sí atravesó la tuya. Porque el alma de Jesús ya no estaba allí, en cambio la tuya no podía ser arrancada de aquel lugar. Por tanto, la punzada del dolor atravesó tu alma, y por esto, con toda razón, te llamamos más que mártir, ya que tus sentimientos de compasión superaron las sensaciones del dolor corporal.

¿Por ventura no fueron peores que una espada aquellas palabras que atravesaron verdaderamente tu alma y penetraron hasta la separación del alma y del espíritu: «Mujer, ahí tienes a tu hijo» ¡Vaya cambio! Se te entrega a Juan en sustitución de Jesús, al siervo en sustitución del Señor, al discípulo en lugar del Maestro, al hijo de Zebedeo en lugar del Hijo de Dios, a un simple hombre en sustitución del Dios verdadero. ¿Cómo no habían de atravesar tu alma, tan sensible, estas palabras, cuando aún nuestro pecho, duro como la piedra o el hierro, se parte con sólo recordarlas?

No os admiréis, hermanos, de que María sea llamada mártir en el alma. Que se admire el que no recuerde haber oído cómo Pablo pone entre las peores culpas de los gentiles el carecer de piedad. Nada más lejos de las entrañas de María, y nada más lejos debe estar de sus humildes servidores.

Pero quizá alguien dirá: «¿Es que María no sabía que su Hijo había de morir?» Sí, y con toda certeza. «¿Es que no sabía que había de resucitar al cabo de muy poco tiempo?» Sí, y con toda seguridad. «¿Y, a pesar de ello,

«Su «sí» a la Anunciación significó tanto la aceptación de la maternidad que se le proponía, como el compromiso de María en el misterio de la Redención. Esta fue obra de su Hijo y la participación de María fue real y efectiva. Al dar su consentimiento al mensaje del ángel, María aceptó colaborar en toda la obra de la reconciliación de la humanidad con Dios. Actúa conscientemente y sin poner condiciones. Se muestra dispuesta al servicio que Dios le pide».[72]

Doctores tiene la Santa Madre Iglesia para definir esta verdad y a su autoridad me someto. En este sentido, el Magisterio establece:

«No solo es nuestro Mediador según las palabras del Apóstol: «Porque uno es Dios, y uno también el Mediador entre Dios y los hombres, el hombre Cristo Jesús, que se entregó a sí mismo para redención de todos» (1 Tm 2, 5-6). Sin embargo, la misión maternal de María para con los hombres no oscurece ni disminuye en modo alguno esta mediación única de Cristo, antes bien sirve para demostrar su poder. Pues todo el influjo salvífico de la Santísima Virgen sobre los hombres no dimana de una necesidad ineludible, sino del divino beneplácito y de la sobreabundancia de los méritos de Cristo; se apoya en la mediación de éste, depende totalmente de ella y de la misma saca todo su poder. Y, lejos de impedir la unión inmediata de los creyentes con Cristo, la fomenta».[73]

---

sufría por el Crucificado?» Sí, y con toda vehemencia. Y si no, ¿qué clase de hombre eres tú, hermano, o de dónde te viene esta sabiduría, que te extrañas más de la compasión de María que de la pasión del Hijo de María? Este murió en su cuerpo, ¿y Ella no pudo morir en su corazón? Aquella fue una muerte motivada por un amor superior al que pueda tener cualquier otro hombre; esta otra tuvo por motivo un amor que, después de aquel, no tiene semejante».

72   JUAN PABLO II, *Homilía en el Santuario de Nuestra Señora de la Alborada*, Guayaquil, Ecuador, 31 de enero de 1985.

73   CONCILIO VATICANO II, Constitución Dogmática *Lumen Gentium*, 21 de noviembre de 1964, nn. 60-62.

Dejo al lector la respuesta a esta cuestión —por otra parte, pedida en las apariciones de Ámsterdam—[74] y espero que alguien la halle pronto.[75]

Jesús no habla de su Corazón, sino del Corazón de su Madre, al cual llegan los pecados de la humanidad entera, que se clavan como espinas. Y no hay quien quiera sacárselas.[76] Lucia nos deja escrita la reacción de su prima Jacinta al escuchar la narración de la Pasión: *«(…) al oír contar los sufrimientos de nuestro Señor, la pequeña se estremeció y lloró; muchas veces después me pedía que se la repitiese, lloraba con pena, y decía, pobrecito nuestro Señor, no volveré a cometer ningún pecado, no quiero que nuestro Señor sufra más».*[77]

---

74 El día 25 de marzo de 1945, la Virgen se apareció en Ámsterdam a Ida Peerdeman (fallecida en 1996). Fue la primera de 56 apariciones que ocurrieron entre los años 1945 y 1959. El 31 de mayo de 2002, el entonces Obispo diocesano de Ámsterdam, Mons. Jozef M. Punt, hizo una declaración escrita acerca de la autenticidad de las apariciones de María como la Señora de todos los Pueblos: *«En vista de dichas opiniones, testimonios y desarrollos, y considerándolo todo en la oración y reflexión teológica, ello me conduce a la constatación de que las apariciones de Ámsterdam tienen un origen sobrenatural».* La Santísima Virgen se manifiesta bajo una nueva advocación: «La Señora de todos los Pueblos» o «La Madre de todos los Pueblos». En este tiempo, Ella desea ser conocida y amada por todos con ese nombre. De forma profética nos ha dado una impresionante visión de la situación de la Iglesia y del mundo. En sus mensajes, María revela poco a poco un plan con el cual Dios quiere salvar al mundo: prepararlo para una nueva efusión del Espíritu Santo por medio de la Madre. Por esto, Ella da a los pueblos y a las naciones una imagen y una oración». Tal declaración está disponible en la Bibliografía.

75 SCROSATI, LUISELLA, *Maria non usurpa Cristo, ma condivide la Redenzione*, artículo electrónico publicado en «La nuova bussola quotidiana» el 16 de diciembre de 2019, *«Una reflexión sobre los motivos existentes para declarar a la Virgen con el título de Corredentora».*

76 Esto me recuerda el llanto de un niño de cuatro años, en la Iglesia de mi parroquia, que entraba de la mano de su abuelo. Al ver a Jesús crucificado, preguntó si a Jesús le dolían las espinas. ¡Si, así es!, respondía el abuelo. Y, entre lágrimas, le decía: *«Abuelo, yo quiero quitar las espinas de la cabeza de Jesús. Así reparan las almas sencillas e inocentes».* Desconozco qué derroteros habrá tomado aquel niño en su vida (N. del A.).

77 MARÍA LUCIA DE JESÚS Y DEL CORAZÓN INMACULADO, SOR, *Memorias,* edición crítica de Cristina Sobral, *op. cit.,* p. 121. n. 9

El sufrimiento de María proviene de su total identificación con el Redentor. Sus corazones eran y son uno. Por esta unión mística, los sufrimientos de Cristo son los de su Madre y los de María son los del Corazón de Cristo. María es refugio seguro de los pecadores, señal inequívoca de que cada uno de nosotros somos elegidos. María nos arranca de las garras de Satanás y nos lleva a Jesús:

> *«María, Madre del Verbo encarnado, está situada en el centro mismo de aquella «enemistad», de aquella lucha que acompaña la historia de la humanidad en la tierra y la historia misma de la salvación. En este lugar ella, que pertenece a los «humildes y pobres del Señor», lleva en sí, como ningún otro entre los seres humanos, aquella «gloria de la gracia» que el Padre «nos agració en el Amado», y esta gracia determina la extraordinaria grandeza y belleza de todo su ser. María permanece así ante Dios, y también ante la humanidad entera, como el signo inmutable e inviolable de la elección por parte de Dios, de la que habla la carta paulina: «Nos ha elegido en Él (Cristo) antes de la fundación del mundo, ... eligiéndonos de antemano para ser sus hijos adoptivos» (Ef 1,4-5). Esta elección es más fuerte que toda experiencia del mal y del pecado, de toda aquella «enemistad» con la que ha sido marcada la historia del hombre. En esta historia María sigue siendo una señal de esperanza segura».*[78]

Hay en ambos Corazones una perfecta reciprocidad en el amor y en el dolor. Fueron tantas las espadas de la Madre, como los dolores del Hijo. Cada herida en el cuerpo de Jesús, es una lanza que traspasa el Corazón de la Virgen; cada bofetada, cada azote, cada llaga, cada martillazo, cada caída, cada pecado… son puñaladas que hieren y desgarran su Corazón materno, tan tierno y noble. San Bernardo, el gran doctor mariano, nos dice:

> *«En verdad, Madre santa, una espada traspasó tu alma. Por lo demás, esta espada no hubiera penetrado en*

---

78   JUAN PABLO II, Carta Encíclica *Redemptoris Mater*, 25 de marzo de 1987, n. 11.

la carne de tu Hijo sin atravesar tu alma. En efecto, después que aquel Jesús —que es de todos, pero que es tuyo de un modo especialísimo— hubo expirado, la cruel espada que abrió su costado, sin perdonarlo aun después de muerto, cuando ya no podía hacerle mal alguno, no llegó a tocar su alma, pero sí atravesó la tuya. Porque el alma de Jesús ya no estaba allí, en cambio la tuya no podía ser arrancada de aquel lugar».[79]

En una conversación privada con el P. Leite (SJ), profundo conocedor de las Apariciones de Fátima y eminente teólogo, ya muy mayor, gozando aún de claridad y precisión de mente, defendía la certeza de esta verdad, sometiendo su pensamiento al juicio de la Iglesia. A defender esta verdad dedicó gran parte de su vida. La conversación tuvo lugar en Braga, ciudad del norte de Portugal.

No puedo terminar sin hacer referencia a las otras dos apariciones del Niño Jesús en el patio del Convento de las Doroteas: cierto día de febrero de 1926, yendo a depositar la basura, se encontró con un niño para ella desconocido y lo invitó a rezar el Avemaría. Como el niño permaneciese callado le dijo que fuese a la cercana Iglesia de Santa María todos los días y allí rezase ante la imagen de Santa María: *«¡Madre mía del Cielo, dadme a vuestro Niño Jesús!».*
Pasados unos días, Lucia nos cuenta:

> *«El 15 de febrero de 1926, volviendo al mismo sitio, como de costumbre, encontré allí un niño, que me parecía ser el mismo de antes y le pregunté: ¿Has pedido el Niño Jesús a la Madre del Cielo? El niño se vuelve hacia mí y me dice: ¿Y tú tienes difundido, por el mundo, lo que mi Madre te pidió? Y en esto se transforma en un niño resplandeciente de luz. Caí en la cuenta que era Jesús».*[80]

---

79 LITURGIA DE LAS HORAS, *Oficio de Lectura, 15 de Septiembre, Nuestra Señora, la Virgen de los Dolores.*

80 MARTINS, ANTONIO MARÍA, *El futuro de España en los documentos de Fátima,* Fe Católica Ediciones, Madrid, 1977, documento 32, p. 116.

Sor Lucia explica la necesidad de la devoción al Inmaculado Corazón de la manera bellamente descriptiva ya mencionada. El Corazón de María es, en cierto sentido, el corazón de toda esa otra generación, cuyo primer fruto es Cristo. Somos esa otra generación. Y es de este fruto (Cristo) que se alimentará la otra generación de este Corazón Inmaculado, como Jesús dijo: Yo soy el pan de vida. El que come mi carne y bebe mi sangre permanece en mí y yo en él. Como (…) vivo por el Padre, entonces el que me come vivirá por mí. (Jn 6,48.56-57). Lucia ilumina la conexión permanente del Inmaculado Corazón de María y la Sagrada Eucaristía.

«*Es el cuerpo recibido de María, que en Cristo se convierte en una víctima ofrecida por la salvación de la humanidad; es la sangre recibida de María que circula en las venas de Cristo y que se derrama de su Divino Corazón. Es el mismo cuerpo y esta misma sangre, recibidos de María, los que se nos dan, bajo las apariencias de pan y vino, como nuestro alimento diario, para fortalecer dentro de nosotros la vida de gracia, y así continuar en nosotros, miembros del Cuerpo Místico de Cristo, su obra redentora para la salvación de todos y cada uno en la medida en que cada uno se aferra a Cristo y coopera con Él*».[81]

Proclamado el dogma de la corredención, vendrá el triunfo definitivo del Corazón Inmaculado de María. Dice Jesús: «*Yo quiero que el triunfo final sobre el Demonio quede claro que es por el triunfo del Corazón Inmaculado de María, mi Madre. Ella aplastará su cabeza. El triunfo final será éste: la estirpe, que los teólogos dicen ser unas veces Jesús en la Cruz y otras, Santa María*».[82]

Los dos Corazones, hasta los límites que es posible entre una creatura y Dios, identificados. Santa Catalina de Siena escucha unas palabras de Jesús que ayudan a entender cómo

---

81   MARÍA LUCIA DE JESÚS Y DEL CORAZÓN INMACULADO, SOR, *Apelos da Mensagem…, op. cit.,* p. 105
82   Cf. CARMELO DE COÍMBRA, *Un Caminho sob…, op. cit.,* p. 202.

sucede esta identificación de corazones. Si forma parte de lo que Dios le pide, cuánto más hará con su Madre:

> *«Ilustra esta unión profunda con el Señor otro episodio de la vida de esta insigne mística: el intercambio del corazón. Según Raimundo de Capua, que transmite las confidencias que recibió de Catalina, el Señor Jesús se le apareció con un corazón humano rojo esplendoroso en la mano, le abrió el pecho, se lo introdujo y dijo: «Amada hija mía, así como el otro día tomé tu corazón, que tú me ofrecías, ahora te doy el mío, y de ahora en adelante estará en el lugar que ocupaba el tuyo». Catalina vivió verdaderamente las palabras de san Pablo, «ya no vivo yo, sino que es Cristo quien vive en mí» (Ga 2, 20)».*[83]

Quien quiera llegar al Cielo necesariamente tiene que pasar por el Corazón de María. Así lo afirmó la Santísima Virgen en su aparición del 13 de junio de 1917. Toda la historia de la salvación sucede en el corazón de cada ser humano.

> *«El alma —dice Catalina— se presenta a Dios todavía atada a los deseos y a la pena que derivan del pecado, y esto le impide gozar de la visión beatífica de Dios. Catalina afirma que Dios es tan puro y santo que el alma con las manchas del pecado no puede encontrarse en presencia de la divina majestad (cf. Vita mirabile, 177r). Y también nosotros sentimos cuán distantes estamos, cuán llenos de tantas cosas, de modo que no podemos ver a Dios. El alma es consciente del inmenso amor y de la perfecta justicia de Dios y, por consiguiente, sufre por no haber respondido de modo correcto y perfecto a ese amor, y precisamente el mismo amor a Dios se convierte en llama, el amor mismo la purifica de sus escorias de pecado».*[84]

La batalla final será entre María y Satanás: entre el *serviam* de María y en *non serviam* satánico, hasta la plena identificación con la Voluntad de Dios: *«Hágase en mí según*

---

83   BENEDICTO XVI, *Audiencia General*, 24 de noviembre de 2010.
84   BENEDICTO XVI, *Audiencia General*, 12 de enero de 2011.

tu palabra» (Lc 1,38). Y, en ese mismo instante la segunda Persona de la Trinidad, sin dejar de ser Dios se hace hombre en las entrañas purísimas de Santa María. Ella es la toda pura que, por lo mismo, el Demonio nada puede y ve aplastada la cabeza con el poder de Santa María. No hay otro camino: el Corazón Inmaculado de María es el lugar donde cada uno ha de estar para, de este modo, ser todo de Jesús unidos al todo de la Virgen.

Los hijos de Dios, hijos de la Verdad, tienen a María como ejemplo, totalmente identificada con Jesús, hasta el punto de poder decir: *«no soy yo, es Cristo quien vive en mí»*:

> *«Como la santa de Siena, todo creyente siente la necesidad de uniformarse a los sentimientos del corazón de Cristo para amar a Dios y al prójimo como Cristo mismo ama. Y todos nosotros podemos dejarnos transformar el corazón y aprender a amar como Cristo, en una familiaridad con Él alimentada con la oración, con la meditación sobre la Palabra de Dios y con los sacramentos, sobre todo recibiendo frecuentemente y con devoción la sagrada Comunión. También Catalina pertenece a la legión de santos eucarísticos con los cuales quise concluir mi exhortación apostólica* Sacramentum caritatis *(cf. n. 94). Queridos hermanos y hermanas, la Eucaristía es un extraordinario don de amor que Dios nos renueva continuamente para alimentar nuestro camino de fe, fortalecer nuestra esperanza, inflamar nuestra caridad, para hacernos cada vez más semejantes a él».*[85]

Los hijos de Satanás son los hijos de la mentira, su vida es mentira. Por lo que fueron arrojados del Paraíso. Son la encarnación del fracaso de quienes eligieron el camino equivocado. De ahí procede su inmenso y eterno sufrimiento: no poder ser jamás aquello a lo que estaban llamados. Vocación frustrada. Los santos son los que alcanzan la plenitud del ser que Dios había soñado para ellos desde toda la eternidad: su vocación.

---

85   BENEDICTO XVI, *Audiencia General*, 24 de noviembre de 2010.

El Purgatorio es el lugar donde se quema lo que impide ser de verdad, ontológicamente, lo que estamos llamados a ser, porque en el Cielo solo entra quien a Jesús se parece:

> *«En su tiempo se representaba principalmente recurriendo a imágenes vinculadas al espacio. Se pensaba en un cierto espacio, donde se encontraría el purgatorio. En Catalina, en cambio, el purgatorio no se presenta como un elemento del paisaje de las entrañas de la tierra: no es un fuego exterior, sino interior. Esto es el purgatorio, un fuego interior. La santa habla del camino de purificación del alma hacia la comunión plena con Dios, partiendo de su experiencia de profundo dolor por los pecados cometidos, frente al infinito amor de Dios (cf. Vita mirabile, 171v)».*[86]

Si el desamor convierte el alma en cenagal de odio, solo el amor purifica y riega el alma con agua pura, agua manantial. El odio es muerte, el amor es vida. Jesús con su infinito dolor de amor retribuyó al Padre toda la gloria robada por el pecado. El dolor de amor que brota en el alma al considerar la infinita gravedad del pecado, purifica y devuelve al alma la belleza bautismal.

Fátima es, fundamentalmente, una llamada a la adoración reparadora en el sacramento de la Santísima Eucaristía, teniendo como centro, raíz y camino el Corazón Inmaculado de María. Me atrevo a decir que este es el corazón, el núcleo central del mensaje de Fátima. La Humanidad entera ha de reconocer a María como el camino por el que llegamos a Dios y el manantial por el que nos llegan todas las gracias desde el Corazón de Dios: El Corazón de María es, como Jesús, salvadas las distancias, camino, verdad y vida. Por lo que es imposible llegar a Dios si no nos metemos en el Corazón de María.

Aunque repetido, quiero terminar con estas palabras, no textuales, de la Señora a los Pastorcitos: No te quedarás sola. No temas. Mi Corazón será tu refugio y el camino que te llevará a Dios y las almas devotas de mi Inmaculado Cora-

---

86 BENEDICTO XVI, *Audiencia General*, 12 de enero de 2011.

zón serán, puestas por mí en el Altar de Dios, como rosas que irradiarán luz y perfume por toda la eternidad.[87] La Virgen del Encuentro tiene la misión de dar los últimos retoques para que cada uno de los santos sea lo que Dios ha soñado desde toda la eternidad ante el Trono del Cordero Inmolado y *«cuando le hayan sido sometidas todas las cosas, entonces también el mismo Hijo se someterá a quien a él sometió todo para que Dios sea todo en todas las cosas»* (1Co 15,28).

87 N. de. A.: Para profundizar en la Doctrina sobre los dos Corazones de Jesús y de María recomiendo la lectura meditada de estas dos Cartas Encíclicas: Pío XII, *Mystici corporis Christi*, del 29 de junio de 1943 y Juan Pablo II, *Redemptoris Mater*, del 25 de marzo de 1987.

Capítulo II

Elegidos y amados

La Sagrada Escritura abunda en textos que hacen referencia a la elección, libre y gratuita, que Nuestro Señor hace de cada uno de nosotros: «*Antes de plasmarte en el seno materno, te conocí, antes de que salieras de las entrañas, te consagré, te constituí en profeta de las naciones*» (Jr 1,5).[88] «*No temas, que te he redimido y te he llamado por tu nombre, tú eres mío*».

Hemos de meditar, con frecuencia, esta verdad de nuestra fe. Nos lo recuerda Benedicto XVI con unas palabras que debieran estar gravadas a fuego en nuestra alma y meditarlas cada día:

> «*Hemos creído en el amor de Dios: así puede expresar el cristiano la opción fundamental de su vida. No se comienza a ser cristiano por una decisión ética o una gran idea, sino por el encuentro con un acontecimiento, con una Persona, que da un nuevo horizonte a la vida y, con ello, una orientación decisiva. En su Evangelio, Juan había expresado este acontecimiento con las siguientes palabras: «Tanto amó Dios al mundo, que entregó a su Hijo único, para que todos los que creen en Él tengan vida eterna» (cf. 3, 16). La fe cristiana, poniendo el Amor en el centro, ha asumido lo que era el*

---

88   Vid. BIBLIA DE NAVARRA, Ediciones EUNSA, Pamplona, 2012, en la correspondiente nota a la cita: «*El relato de la vocación de Jeremías muestra el misterio de toda llamada divina, acto eterno y gratuito de Dios por el que desvela a un alma el por qué y para qué de su vida*».

núcleo de la fe de Israel, dándole al mismo tiempo una nueva profundidad y amplitud».[89]

Saber que somos elegidos personalmente y desde toda la eternidad fundamenta la vida de cada hombre que viene a esta tierra. Elegidos por Amor para responder al Amor, es decir, ser santos:

> *«Repasad con calma aquella advertencia que llena el alma de inquietud y, al mismo tiempo, le trae sabores de panal y de miel:* redemi te, et vocavi te nomine tuo; meus es tu, *te he redimido y te he llamado por tu nombre: ¡tú eres mío! No robemos a Dios lo que es suyo. Un Dios que nos ha amado hasta el punto de morir por nosotros, que nos ha escogido desde toda la eternidad, antes de la creación del mundo, para que seamos santos en su presencia».*[90]

Ante esta elección no cabe más que el asombro y la gratitud. Asombro, porque no tengo mérito ninguno: ni siquiera existía. Y, desde toda la eternidad, Dios Creador se fijó en mí entre miríadas de seres posibles. Y gratitud: nada merezco.

> *«¿Quién es el hombre verdaderamente? (…) ¿cada hombre, cada uno de nosotros, ha sido deseado y es conservado en vida por un Amor eterno e incondicional? ¿Cuál es la realidad última: el azar, la necesidad o una sabiduría infinita llena de Amor? (…) el golpe de lanza con el que el soldado romano abrió el costado de Cristo nos permite mirar dentro del corazón de Dios, y encontrar las respuestas a nuestras preguntas. No estamos en manos del azar, no somos como hojas secas que la fuerza de la naturaleza puede barrer de un lado para otro. Hemos sido confiados a un Amor eterno que nos ha deseado para hacernos partícipes de su misma vida. La Realidad última no es impersonal. Dios, que es Amor, es el Padre, el Hijo y el Espíritu Santo. En la medida limitada*

---

89   BENEDICTO XVI, Carta Encíclica *Deus caritas est*, 25 de diciembre de 2005, n. 1.

90   ESCRIVÁ DE BALAGUER, JOSEMARÍA, *Amigos de Dios,* 36ª edición, Rialp, Madrid, 2021, n. 312.

de cada uno de nosotros se trasvasa y se derrama la medida infinita del Amor de Dios en Cristo».[91]

No venimos a este mundo por casualidad o fruto de un error.[92] Cada uno somos personalmente deseados, personalmente queridos.[93] Elegidos, por tanto, por Alguien que pensó en ti y en mí desde toda la eternidad. Y nos envió a esta tierra para que, cumplido el encargo, regresemos a la casa del Padre, donde nos espera con los brazos abiertos, para darnos el gran abrazo de bienvenida: *«Ven, bendito de mi Padre, a poseer el reino preparado para ti desde toda la eternidad».*[94]

Sor Lucia encarna en sí misma, junto con los santos Francisco y Jacinta, esta elección de Dios para llevar a cabo una misión. Misión que cambiará el rumbo del siglo XX, en el mundo y en la Iglesia. Y continúa a lo largo del tiempo porque el mensaje de Fátima no ha concluido:

> *«Se equivoca quien piensa que la misión profética de Fátima está acabada. Aquí resurge aquel plan de Dios que interpela a la humanidad desde sus inicios: «¿Dónde está Abel, tu hermano? [...] La sangre de tu hermano me está*

91   CAFFARRA, CARLO, *No anteponer nada a Cristo*, Homo Legens, 2ª edición, Madrid, 2018, p. 41.

92   Cf. *Ibidem*, p. 41.

93   Cf. *Ibidem*, pp. 26-27: «*Sí, la persona humana, cada persona humana ha sido pensada y deseada por Dios mismo, a cada uno se le ha conferido una tarea, es depositario de una "misión" confiada, precisamente, a su libertad. El sentido de la vida no debe ser inventado, sino descubierto*».

94   BENEDICTO XVI, *Homilía de la Santa Misa en la Imposición del Palio y Entrega del Anillo del Pescador en el Solemne Inicio del Ministerio Petrino del Obispo de Roma*, 24 de abril de 2005: «*No somos el producto casual y sin sentido de la evolución. Cada uno de nosotros es el fruto de un pensamiento de Dios. Cada uno de nosotros es querido, cada uno es amado, cada uno es necesario. Nada hay más hermoso que haber sido alcanzados, sorprendidos, por el Evangelio, por Cristo. Nada más bello que conocerle y comunicar a los otros la amistad con Él. La tarea del pastor, del pescador de hombres, puede parecer a veces gravosa. Pero es gozosa y grande, porque en definitiva es un servicio a la alegría, a la alegría de Dios que quiere hacer su entrada en el mundo*».

gritando desde la tierra» (Gn 4,9). El hombre ha sido capaz de desencadenar una corriente de muerte y de terror, que no logra interrumpirla... En la Sagrada Escritura se muestra a menudo que Dios se pone a buscar a los justos para salvar la ciudad de los hombres y lo mismo hace aquí, en Fátima, cuando Nuestra Señora pregunta: «¿Queréis ofreceros a Dios para soportar todos los sufrimientos que Él quiera mandaros, como acto de reparación por los pecados por los cuales Él es ofendido, y como súplica por la conversión de los pecadores?».[95]

Sor Lucia, tras años de meditación y bajo la guía del Espíritu Santo, nos dirá: *«Como veo el mensaje a través de la eternidad, porque en los planes de Dios, en la Luz de su Inmenso Ser, el mensaje no ha cambiado, es el mismo, en aquel momento por Él señalado para ser conocido en aquel día, hora e instante, porque en el espejo inmenso de su divino Ser, todo está presente sin pasado ni futuro».*[96]

El Mensaje necesitaba mensajeros, elegidos por Dios igualmente, desde toda la eternidad, por Amor. *«Lo que he dicho de la elección que Dios hace del lugar lo digo del mismo modo, de la elección que el Señor hace de los instrumentos de los que quiere servirse para realizar los planes que su inmensa misericordia tiene para con la Humanidad caída».*[97]

Y Dios elige instrumentos que no son perfectos, que no brillan por sus talentos. Dios, de modo ordinario, elige a lo que no sirve, a lo que los hombres desprecian, lo que no cuenta: *«Escoge pobres e ignorantes criaturas, que los hombres habrían rechazado, como incapaces de servir para la realización de tal proyecto. Pero Dios obra de modo contrario a los hombres, escoge lo que no sirve para servirse de él, porque suya es la Sabiduría, la ciencia, el poder y el querer, para comunicarlo a quien a Él le place. (...) De este modo, el Señor muestra que la obra es suya*

---

95   BENEDICTO XVI, *Homilía,* 10° Aniversario de la Beatificación de los Pastorcillos de Fátima, Fátima, Portugal, 13 de mayo de 2010.

96   MARÍA LUCIA DE JESÚS Y DEL CORAZÓN INMACULADO, SOR, *Cómo veo el..., op. cit.,* p. 13.

97   *Ibidem,* p. 15

*y no de los pobres instrumentos que Él escogió».*⁹⁸ Una vez más, Lucia escribe lo que ha meditado tantas veces en su trato de intimidad con el Divino Huésped de su alma. Se hace eco de las palabras de San Pablo: *«…y Dios ha escogido lo vil de nacimiento, lo tenido por nada, lo que no es, para destruir lo que es, para que ninguno se pueda jactar delante de Dios»* (1Co 1,28-29). Hoy, el hombre ha olvidado que es creatura y que, por lo mismo, depende del Creador, por lo que no es libre de modo absoluto.⁹⁹ Se extiende por el mundo entero una ola de rebelión contra Dios Creador hasta intentar aniquilarlo para siempre. Es la culminación de un proceso que hunde sus raíces en la Revolución Francesa y, antes, en la Reforma protestante. El reciente Magisterio de la Iglesia sale al paso de esta incongruencia:

> *«Este proceso revolucionario fue bien descrito por el Venerable Pío XII en un discurso del 1952, donde muestra cómo en los últimos siglos se ha buscado una progresiva exclusión de Dios de la vida social, terminando con una negación explícita y militante de su existencia. En vez de un modelo social inspirado en los planes de Dios, desde el periodo de la Ilustración se busca establecer la felicidad completa del hombre en la tierra, prometiéndoles a los «ciudadanos» una total felicidad en este mundo. Esta promesa realmente es una mentira diabólica pues nadie con un mínimo de sabiduría puede esperar más que una felicidad relativa y limitada en este mundo. (…) La exclusión de Dios y de la religión de la sociedad se hace con un objetivo bien preciso, se busca destruir y desarraigar totalmente la fe».*¹⁰⁰

El hombre no puede olvidar que es creado y ha de regirse por las normas que marca el Creador. Y solo viviendo

---

98 *Ibidem.*

99 Cf. LÓPEZ, EULOGIO: «*Las dos batallas de nuestra era*», artículo electrónico en la revista «Hispanidad», el 15 de mayo de 2022.

100 BARREIRO CARÁMBULA, IGNACIO, *Revolución contra Dios y soledad del hombre*, Fundación Speiro, en Revista «Verbo», n. 493-494 (2011), pp. 227-271.

en obediencia a Dios Creador, encuentra el camino para ser feliz, hoy, aquí y ahora. Y serlo después en la otra vida. Solo así puede ser él mismo, hacer realidad lo que Dios ha soñado para él. El Divino Escultor talla, con paciencia amorosa, la estatua que hay dentro de cada hombre, contando la libertad humana.[101]

Te invito a pensar delante de Jesús Sacramentado esta realidad profunda: *«Soy hijo de Dios, amado y elegido desde toda la eternidad, sin ningún mérito mío, para configurarme con Cristo».* Y nuestro Padre Dios quiere intimar con cada uno, hablarnos al corazón, de tú a tú: *«Si queréis y escucháis, comeréis lo mejor de la tierra; pero si no queréis y os rebeláis, seréis devorados por la espada, pues ha hablado la boca del Señor»* (Is 1,19-20).

Importa mucho, y nos va la vida en ello, abrir de par en par las puertas del corazón o cerrarlas a cal y canto. Obedecer al requerimiento de amor que nos hace nuestro buen Padre Dios, dejarse hacer por el Creador: *«¡Hay de quien discute con su alfarero, siendo vasija de barro! ¿Acaso le dice el barro a su alfarero: ¿Qué haces? O bien: ¿Tu obra no tiene manos?»* (Is 45,9). Dejarse querer por Dios, dejarse seducir por Él, que quiere llevarnos al desierto y, a solas, en la intimidad, hablarnos al corazón, con lenguaje de enamorado.[102] Y arrancar de nosotros lo superfluo, lo que estorba. Y esto duele.

Pasar tiempo delante de Jesús en el Sagrario, acompañar a Jesús. Redescubrir el Sagrario como lugar de encuentro:

> *«Es hermoso estar con Él y, reclinados sobre su pecho como el discípulo predilecto (cf. Jn 13,25), palpar el amor infinito de su corazón. Si el cristianismo ha de distinguirse en nuestro tiempo sobre todo por el «arte de la oración», ¿cómo no sentir una renovada necesidad de estar largos ratos en*

---

101 Cf. DE LA VIGUERIE, JEAN, *Cristianismo y Revolución*, Editorial San Román, Madrid, 2023. La obra nos sirve para un mayor y mejor conocimiento sobre las raíces de la descristianización actual.

102 Cf. Os 2, 16-17: *«Por eso, Yo mismo la seduciré, la conduciré al desierto y le hablaré al corazón. Y desde allí le daré sus viñas y el valle de Acor será puerta de esperanza; allí me responderá como en los días de su juventud».*

conversación espiritual, en adoración silenciosa, en actitud de amor, ante Cristo presente en el Santísimo Sacramento? ¡Cuántas veces, mis queridos hermanos y hermanas, he hecho esta experiencia y en ella he encontrado fuerza, consuelo y apoyo!».[103]

Es necesario volver a la adoración, a la contemplación, a tener como centro el Sagrario donde está el Prisionero de Amor esperándonos.

Me parece muy oportuno recordar aquí la carta que Sor Lucia escribe al entonces arzobispo de Valladolid —a quien conocía personalmente por haber sido Obispo de Tuy— por un encargo directo del Cielo: «Damos un pequeño salto atrás y comprobamos la mente profética de Lucia. Ella es consciente de la degradación moral que está surgiendo en España, recién salida de la Guerra Civil en la que tanta sangre martirial fue derramada. Y el 12 de junio de 1941, jueves de Corpus Christi recibe del cielo un encargo para el entonces arzobispo de Valladolid que deseaba hiciesen alguna cosa para restaurar el fervor de la Iglesia en España, como la Hermana Lucia confirmará en una carta de 1943:

> *«El 13 de junio de 1943, el Señor arzobispo de Valladolid vino a Tuy para hacer la consagración de la Diócesis al Inmaculado Corazón de María. (…) yo preferí unirme espiritualmente, quedando esas horas junto a mi querido Sagrario a solas con Jesús. Estos momentos son siempre para mí de gran emoción y por eso prefiero, cuando es posible, pasarlas a solas con Dios en la intimidad de Su presencia y en el sentimiento de la propia nada. Es entonces cuando Jesús habla, cuando se hace sentir, cuando se comunica y pide insistiendo: Dile al Sr. Arzobispo que trabaje para conseguir la unión de los obispos en España y por su medio la unión del clero, que sin unión no tendrán paz ni en la Iglesia ni en la nación. Si no atendieren a mis deseos, el comunismo continuará propagando sus errores, promoviendo las guerras y*

---

103   JUAN PABLO II, Carta Encíclica *Ecclesia de Eucharistia,* 17 de abril de 2003, n. 25.

el derramamiento de sangre. En la unión encontrarán la luz, la fuerza y la gracia».[104]

¿Serán estas palabras proféticas que vienen de quien es el Señor, que en su Providencia preveía lo que hoy nos está sucediendo?.[105] Basta, en nuestro días, observar lo que está aconteciendo.[106] Cada día, el comunismo permea más y más la sociedad española:

> *«En Fátima, la Virgen, por entonces advertía que, sin conversión, oración y penitencia, Rusia —el comunismo que allí se imponía- 'extendería sus errores por el mundo'. Lenin se preparaba para hacerlo posible: funda la III Internacional que llama a los socialistas, a la vez que va abriendo sucursales —partidos- comunistas por toda Europa. El zarpazo de esos 'errores' se dejará sentir en España durante la Guerra Civil, cuando los 'asesores soviéticos' impongan su ley en el Madrid republicano; una ley del terror. En 1917 surge el 'miedo rojo'; parecía que el final de la guerra podría traer, como secuela, una extensión de la URSS a gran parte del Continente».*[107]

Mientras tanto, vemos cómo el ataque contra Dios avanza: leyes inicuas, costumbres licenciosas, modos de pensar y plantearse la vida viviendo como «si Dios no existiera». España, cada corazón español, ha de volver a Dios, necesita acoger al Dios tres veces santo:

> *«Es una tragedia que, en Europa, sobre todo en el siglo XIX, se afirmase y divulgase la convicción de que Dios es el antagonista del hombre y el enemigo de su libertad. Con*

---

104   CARMELO DE COÍMBRA, *Un Caminho sob…, op. cit.,* p. 258.

105   Vid. DE SANTIAGO Y GONZÁLEZ, MANUEL, *Sor Lucia en Tuy,* Editorial San Román, Madrid, 2010, p. 151.

106   Cf. COCH, STEPHEN, *El fin de la inocencia. Los intelectuales occidentales y la* tentación *de Stalin,* Galaxia Gutenberg, Barcelona, 2024. Un buen estudio de la expansión del Comunismo por occidente (N. del A.).

107   BÁRCENA, ALBERTO, *La Pérdida de España. Tomo I: De la Hispania Romana al reinado de Alfonso XIII,* Editorial San Román, Madrid, 2019, p. 451.

esto se quería ensombrecer la verdadera fe bíblica en Dios, que envió al mundo a su Hijo Jesucristo, a fin de que nadie perezca, sino que todos tengan vida eterna (cf. Jn 3,16). (…) Por eso, es necesario que Dios vuelva a resonar gozosamente bajo los cielos de Europa; que esa palabra santa no se pronuncie jamás en vano; que no se pervierta haciéndola servir a fines que le son impropios. Es menester que se profiera santamente. Es necesario que la percibamos así en la vida de cada día, en el silencio del trabajo, en el amor fraterno y en las dificultades que los años traen consigo. Europa ha de abrirse a Dios, salir a su encuentro sin miedo, trabajar con su gracia por aquella dignidad del hombre que habían descubierto las mejores tradiciones: además de la bíblica, fundamental en este orden, también las época clásica, medieval y moderna, de las que nacieron las grandes creaciones filosóficas y literarias, culturales y sociales de Europa».[108]

Una sociedad que, a velocidad de vértigo, se precipita hacia una sociedad atea. En palabras de Benedicto XVI, esto no será permanente, porque España es tierra de María. Y, para la victoria final, serán necesarios tres remedios: la oración, el sufrimiento y el amor a Santa María.[109] Porque el Triunfo del Corazón Inmaculado de María está garantizado.

Volvemos a Lucia como instrumento elegido por Dios, fiel desde muy tierna edad, sellada por Dios con gracias especiales. Con palabras de la Vidente, recordamos su Primera Comunión y las gracias recibidas ese día. *«Voy a descubrir el*

108 BENEDICTO XVI, *Homilía*, Plaza del Obradoiro, Santiago de Compostela, 6 de noviembre de 2010.

109 Cf. REDACCIÓN ESDIARIO, artículo de fecha del 01 de enero de 2023: *«Según Jorge Fernández Díaz, el Papa le explicó los motivos de esa inquina del diablo con nuestro país. «El diablo sabe los servicios prestados por España a la Iglesia de Cristo. Conoce la misión de España, la Evangelización de América, el papel de España durante la Contrarreforma, la persecución religiosa de los años 30», dijo al respecto. El exministro añadió que Benedicto XVI concluyó con un mensaje de esperanza: «No lo conseguirá. Pero apliquen las cuatro herramientas necesarias para derrotar al diablo en esta batalla: la humildad, la oración, el sufrimiento y la devoción a la Santísima Virgen».* Artículo electrónico disponible en Bibliografía.

secreto de mi primera confesión. El buen sacerdote, después de escucharme, me dijo estas breves palabras: 'Hija mía, tu alma es templo del Espíritu Santo, guárdala siempre pura, para que Él pueda continuar en ella su acción divina'.[110] Al oír estas palabras, se sintió inundada de un profundo sentimiento que le hizo profesar un insondable respeto por sí misma. Se supo hija de Dios, elegida y templo del Espíritu Santo. Y preguntó al sacerdote qué debía hacer y éste le respondió: «*A los pies de la Virgen, de rodillas, le pides con mucha confianza, que tome tu corazón en propiedad, que lo prepare para recibir mañana dignamente a su querido Hijo y que lo custodie para Él sólo*».[111]

Y así lo hizo y recibió, como delicadeza de la Madre, una sonrisa. Nunca jamás olvidó esta caricia de la Señora. Y, al día siguiente, Dios le hizo un nuevo regalo: fue la primera en comulgar, inundada de una tan profunda emoción que «*le parecía como si el corazón saliera del cuerpo*». E, inmediatamente, en cuanto el sacerdote le dio la Comunión «*le invadió una gran serenidad y una paz inalterable (…) y se sabía rodeada de lo sobrenatural hasta el punto de sentir la presencia de Dios de modo casi tangible, como si lo viese con los sentidos corporales*». Hija mimada, elegida por la Trinidad Santísima para una misión que todavía no le había sido confiada.

Cumplió el encargo que le había dado la madre inmediatamente antes de salir camino de la Iglesia parroquial («Pídele a Jesús que te haga santa») y «*me pareció*, dice Lucia, *que el Buen Dios me decía en el fondo del corazón: 'estas palabras claras y distintas: 'la gracia que hoy te es concedida, permanecerá viva en tu alma, produciendo frutos de vida eterna'*».[112] Palabras que ratifican la elección que Dios hace de esta alma pura, obediente, humilde y generosa.

No somos algo sino alguien. Y alguien delante de Dios y para siempre: «*La razón más alta de la dignidad humana con-*

110 MARÍA LUCIA DE JESÚS Y DEL CORAZÓN INMACU-LADO, SOR, *Memorias*, I, *op. cit.*, cap. II, n° 4, p. 146, 4v.
111 *Ibidem*.
112 *Ibidem*, pp. 146.147.

siste en la vocación del hombre a la comunión con Dios. El hombre es invitado al diálogo con Dios, desde su nacimiento; pues no existe sino porque, creado por Dios por amor, es conservado siempre por amor; y no vive plenamente según la verdad, si no reconoce libremente aquel amor y se entrega a su Creador».[113] Saberse amado y corresponder a este amor, esta es la situación de cada uno. Y aparece la Cruz como señal de elección.

Cabe en este momento una pregunta: Dios es mi Padre, me ha elegido, me quiere, ¿por qué el sufrimiento? Solo contemplando a Jesús en la Cruz comenzamos a entender algo. El dolor apareció de inmediato en la vida de los Pastorcitos, como está presente en todo aquel que quiere seguir a Jesús. Jesús no engaña: promete la felicidad por el camino de la Cruz:[114] «¿Queréis ofreceros a Dios para soportar los sufrimientos que Él quiera enviaros, en reparación por los pecados con los que Él es ofendido y de súplica por la conversión de los pecadores? .-Sí queremos. .-Pues tendréis mucho que sufrir, pero la gracia de Dios será vuestra fortaleza».[115] «Pronto comprobaron la verdad de esta comunicación de la Blanca Señora más brillante que el sol: Arrecian en torno a los tres Pastorcitos —en especial de Lucia, considerada la más responsable— la incredulidad de la madre, los insultos de los vecinos y las dudas del párroco».[116]

Ante el dolor, lo primero es diagnosticar la causa y poner remedio, en la medida de lo posible. Tiene el dolor un significado más profundo, que afecta al sentido de la vida:

> «(…) la pregunta también tiene otro significado, puesto que pregunta qué sentido tiene en mi vida el sufrimiento; no es raro que esta pregunta lleve al hombre a cuestionarse el sentido de todo. (…) La enfermedad deja de ser un proble-

---

113   CONCILIO VATICANO II, Constitución Pastoral *Gaudium et Spes, op. cit.*, n. 19.

114   Cf. Mt. 16,24: «*Entonces dijo Jesús a sus discípulos: Si alguno quiere venir en pos de Mí, niéguese a sí mismo, tome su cruz y sígame*».

115   MARÍA LUCIA DE JESÚS Y DEL CORAZÓN INMACULADO, SOR, *Memorias*, I, *op. cit.*, cap. IV, n° 3, pp. 162.164.

116   SOUSA SILVA, Manuel Fernando, *Los Pastorcitos de…, op. cit.*, pp. 182.186.

ma que hay que resolver y se convierte en un misterio que hay que descifrar. Y llegamos así, creo, a la pregunta de fondo *que constituye el nudo central de nuestra obsesión diaria: la vida, al final, ¿es solo 'un problema que hay que resolver' o es también y sobre todo, 'un misterio que hay que descifrar'?».* [117] *«En nuestra situación de fieles, el sentido de la propia existencia está muy claro: nuestra vida tiene como centro la Eucaristía. Profundicemos en esto. ¿Realmente para quién vivo? Esta es la gran pregunta. De la respuesta depende nada más y nada menos que nuestro destino eterno.* «Cuidad de no practicar vuestra justicia delante de los hombres» *(Mt 6,1). La advertencia de Jesús nos hace tomar conciencia de que podemos vivir de dos maneras: ante los hombres o ante Dios. Podemos decidir lo que decidimos, elegir lo que elegimos; en una palabra, existir sobre la base de lo que los otros podrán decir o pensar de nosotros, o sobre la base de lo que Dios mismo podrá decir o pensar de nosotros. (El Evangelio) nos obliga a plantearnos la pregunta fundamental: ¿ante quién quieres vivir? ¿En relación con quién quieres tú existir? ¿Ante y en relación con Dios, o ante y en relación con los hombres? El resultado para quien opta por la segunda alternativa lo indica Jesús con las siguientes palabras:* «Ya han recibido su recompensa» *(Mt 6,2). Es decir: todo se concluye y se cierra dentro del círculo del tiempo, en la vanidad de los discursos humanos que tiene el mismo valor de quien los hace: 'Ya han recibido la recompensa': terminada la alabanza y la admiración humana todo se acaba».* [118]

Esto exige de cada uno vivir coherentemente. Ser coherentes es vivir de acuerdo con lo que somos, no solo existencialmente sino también ontológicamente. Tú y yo, criaturas de Dios, hemos de gastar nuestra existencia en vivir para Dios y hacer realidad lo que nuestro Padre Dios quiere para cada uno: nuestra vocación y vivir en esa coherencia, viéndonos ante Jesús y viéndole a Él. Vivir en la Verdad y para la Verdad. Así quería vivir sor Lucia. [119]

---

117   CAFFARRA. CARLO, *No anteponer nada…, op. cit.*, pp. 42.43.
118   *Ibidem*, p. 45
119   Líneas más abajo desarrollaré más ampliamente este tema (N. del A.).

De todo lo dicho surge un propósito. Tomo las palabras de Carlo Caffarra:

> «*Ahora tú estás tocado por esta gracia; ahora puedes dejar de vivir ante los hombres y empezar a vivir ante Dios; ahora tú, que no cuentas para nada, que eres polvo y ceniza, puedes reconciliarte con Dios; adoptado por Él como hijo, puedes pasar de mortal a inmortal, de perecedero a imperecedero, de efímero a eterno, de hombre a dios. ¿De qué manera? 'Somos, pues, embajadores en nombre de Cristo, como si Dios os exhortase por medio de nosotros' (2Cor 5,20). (…) Solo conocemos la vida, la muerte por Jesucristo. Fuera de Jesucristo no sabemos qué es nuestra vida ni qué es nuestra muerte. El hombre no es en sí y para sí más que polvo, destinado a volver al polvo; en Cristo está destinado a la vida eterna. Quita a Cristo y vivirás sólo ante los hombres: o desesperado o presuntuoso. Y, en cualquier caso, destinado a la muerte eterna*».[120]

Estas palabras de Manuel García Morente: «*Prefiero mil veces morir con Dios, que vivir sin Dios. He vivido sin Dios, y ahora me parece que entonces estaba muerto. Cada vez que comulgo me entran ganas de morir*».[121] Esta y no otra es la razón de nuestra esperanza y la raíz de nuestra alegría y de nuestro abandono en la manos de Dios.[122]

Y Lucia dirá lo mismo, con otras palabras, recordando su primera comunión:

> «*Me sentía de tal forma transformada en Dios que cuando terminó la función religiosa que eran casi las trece horas, (…) Mi madre fue a buscarme, angustiada, pensando encontrarme desmayada con el hambre, pero yo me sentía tan saciada con el Pan de los Ángeles, que me fue imposible tomar alimento alguno. Perdí desde entonces el gusto y atractivo que comenzaba a sentir por las cosas del mundo, y solo me sentía*

---

120 CAFFARRA. CARLO, *No anteponer nada…*, *op. cit.*, pp. 47-48.

121 GARCÍA MORENTE, MANUEL, *Diario,* en «Obras completas», Editorial Anthropos, Madrid, p. 458.

122 Cfr. SESÉ, JAVIER, *La conciencia de la filiación divina, fuente de vida espiritual,* en «Scripta Theologica» n. 31 (2), EUNSA, Pamplona, 1999.

*bien en algún lugar solitario donde pudiese a solas, recordar
las delicias de mi Primera Comunión; este retiro lo conseguía
pocas veces, además de estar encargada de cuidar de los hijos
que los vecinos nos confiaban».*[123]

Ser santos tomando ocasión de la vida ordinaria, poniendo amor de Dios en lo que hacemos. Ese es el lugar de nuestro encuentro con nuestro Padre Dios:

> *«(…) debéis comprender ahora —con una nueva claridad— que Dios os llama a servirle en y desde las tareas civiles, materiales, seculares de la vida humana: en un laboratorio, en el quirófano de un hospital, en el cuartel, en la cátedra universitaria, en la fábrica, en el taller, en el campo, en el hogar de familia y en todo el inmenso panorama del trabajo, Dios nos espera cada día. Sabedlo bien: hay un algo santo, divino, escondido en las situaciones más comunes, que toca a cada uno de vosotros descubrir».*[124]

Es decir, vivir con la cabeza y el corazón en el Cielo y con los pies muy en la tierra, como lo veremos más ampliamente en un capítulo posterior.

Lucia hizo de aquel primer «sí», dado el 13 de junio de 1917, el norte de su vida. Fue descubriendo toda la riqueza y profundidad de aquel «sí». Y, porque se dejó conducir por el amor de Dios,[125] fue fiel hasta el final de sus días y pudo completar la misión que Dios, desde toda la eternidad, le había confiado.

El encuentro de Jesús y la Señora del mensaje en Pontevedra aquel bendito día 10 de diciembre del año del Señor de 1925, entraba dentro de los planes de Dios desde toda la

---

123   MARÍA LUCIA DE JESÚS Y DEL CORAZÓN INMACULADO, SOR, *Memorias*, I, *op. cit.*, cap. IV, n° 3, pp. 147-148.

124   ESCRIVÁ DE BALAGUER, JOSEMARÍA, *Amar al mundo apasionadamente* (Homilía pronunciada en el campus de la Universidad de Navarra el 8 de octubre de 1967), Ediciones Rialp, Barcelona, 2023.

125   Cf. BENEDICTO XVI, *Discurso*, Bendición de las Antorchas, Fátima, Portugal, 12 de mayo de 2010.

eternidad, para completar lo que había iniciado el Cielo en Fátima, en 1916 y 1917.

El mensaje de Fátima es un haz de luz potentísimo y un torrente de esperanza para un mundo que ha perdido el norte, que camina en tinieblas y que tiene sed de Dios, aunque pretende saciar su sed en charcas hediondas y rotas:

> *«Más aún, aquella Luz presente en la interioridad de los Pastorcillos, que proviene del futuro de Dios, es la misma que se ha manifestado en la plenitud de los tiempos y que ha venido para todos: el Hijo de Dios hecho hombre. Que Él tiene poder para inflamar los corazones más fríos y tristes, lo vemos en el pasaje de los discípulos de Emaús (cf. Lc 24,32).*
>
> *Por lo tanto, nuestra esperanza tiene un fundamento real, se basa en un evento que se sitúa en la historia a la vez que la supera: es Jesús de Nazaret. Y el entusiasmo que suscitaba su sabiduría y su poder salvador en la gente de su tiempo era tal que una mujer en medio de la multitud —como hemos oído en el Evangelio— exclamó: «¡Dichoso el vientre que te llevó y los pechos que te criaron!». A lo que Jesús respondió: «Mejor: ¡Dichosos los que escuchan la palabra de Dios y la cumplen!» (Lc 11,27.28)».*[126]

No por ser la Madre de Dios Santa María es bendita, sino porque, como esclava del Señor, dejó que Dios la moldeara según los planes que sobre ella tenía. Lo que mejor explica esto es el verbo latino *FIERI*: dejarse hacer, dejarse moldear, como el barro en manos del alfarero. La vida la Virgen es un abandono total en manos de Dios.

> *«Pero, ¿quién tiene tiempo para escuchar su palabra y dejarse fascinar por su amor? ¿Quién permanece, en la noche de las dudas y de las incertidumbres, con el corazón vigilante en oración? ¿Quién espera el alba de un nuevo día, teniendo encendida la llama de la fe? La fe en Dios abre al hombre un horizonte de una esperanza firme que no defrauda; indica un*

---

126 BENEDICTO XVI, *Homilía,* 10° Aniversario de la Beatificación de los Pastorcillos de Fátima, Fátima, Portugal, 13 de mayo de 2010.

sólido fundamento sobre el cual apoyar, sin miedos, la propia vida; pide el abandono, lleno de confianza, en las manos del Amor que sostiene el mundo».[127]

Recordemos que el mensaje de Fátima sigue siendo actual, no ha pasado ni ha de quedar olvidado en «el baúl de los recuerdos»:
Se equivoca quien piensa que la misión profética de Fátima está acabada. Aquí resurge aquel plan de Dios que interpela a la humanidad desde sus inicios:

«¿Dónde está Abel, tu hermano? (…). La sangre de tu hermano me está gritando desde la tierra» (Gen 4,9). El hombre ha sido capaz de desencadenar una corriente de muerte y de terror, que no logra interrumpirla… En la Sagrada Escritura se muestra a menudo que Dios se pone a buscar a los justos para salvar la ciudad de los hombres y lo mismo hace aquí, en Fátima, cuando Nuestra Señora pregunta: «¿Queréis ofreceros a Dios para soportar todos los sufrimientos que Él quiera mandaros, como acto de reparación por los pecados por los cuales Él es ofendido, y como súplica por la conversión de los pecadores?».[128]

Y continúa Benedicto XVI con palabras llenas de ternura al mismo tiempo que graves y proféticas:

«Con la familia humana dispuesta a sacrificar sus lazos más sagrados en el altar de los mezquinos egoísmos de nación, raza, ideología, grupo, individuo, nuestra Madre bendita ha venido desde el Cielo ofreciendo la posibilidad de sembrar en el corazón de todos los que se acogen a ella el Amor de Dios que arde en el suyo. Al principio fueron solo tres, pero el ejemplo de sus vidas se ha difundido y multiplicado en numerosos grupos por toda la faz de la tierra, dedicados a la causa de la solidaridad fraterna, en especial al paso de la Virgen Peregrina. Que estos siete años que nos separan del

---

127 *Ibidem.*
128 MARÍA LUCIA DE JESÚS Y DEL CORAZÓN INMACULADO, SOR, *Memorias, I, op. cit.*, cap. I, p. 162.

centenario de las Apariciones impulsen el anunciado triunfo del Corazón Inmaculado de María para gloria de la Santísima Trinidad».[129]

En resumen: cada uno de nosotros es fruto del amor infinito y eterno de Dios. Cada uno es elegido para ser portador y realizar en la tierra la misión que la Santísima Trinidad nos encomienda. Es una misión única e intransferible, como cada ser humano es único e irrepetible. El Creador no se repite, no crea en serie. Enorme responsabilidad la de cada uno ante esta misión: o la llevamos a cabo o queda sin realizar por toda la eternidad. Es cierto que Dios puede suplir esta deficiencia.

«Dios, que ha creado al hombre por amor, lo ha llamado también al amor, vocación fundamental e innata de todo ser humano, porque el hombre fue creado a semejanza de Dios, que es amor. Desde su nacimiento, cada persona está destinada a la bienaventuranza eterna, el Cielo. Dios crea a cada uno con un propósito, una misión. Esa misión es lo que se conoce como vocación. (…) Sí, todos hemos sido creados por Dios con un propósito y un fin. Dios ha querido para cada uno un proyecto único e irrepetible, pensado desde toda la eternidad: «Antes de formarte en el vientre, te elegí; antes de que salieras del seno materno, te consagré» (Jeremías 1, 5). (…) Dentro de esta vocación común, Dios invita a cada uno a recorrer la vida junto a Él por un camino concreto. A algunos llama al sacerdocio ministerial, a otros a la vida religiosa, y a otros, los laicos, los llama a encontrarle en la vida ordinaria, ya sea viviendo el celibato o la vocación matrimonial. (…) La llamada del Señor —la vocación— se presenta siempre así: «si alguno quiere venir detrás de Mí, niéguese a sí mismo, tome su cruz y sígame». Sí: la vocación exige renuncia, sacrificio. Pero ¡qué gustoso resulta el sacrificio —«gaudium cum pace», alegría y paz—, si la renuncia es completa!».[130]

---

129   BENEDICTO XVI, *Homilía*, 10° Aniversario de la Beatificación…, *op. cit.* (vid. Nota 138).

130   VV.AA., *¿Qué es la vocación? ¿Todos tenemos vocación? Varias preguntas sobre el discernimiento vocacional respondidas con explicaciones*

Es San Juan Pablo II quien nos define la vocación de cada persona:

«Vocación es la palabra que introduce a la comprensión de los dinamismos de la revelación de Dios y descubre al hombre la verdad sobre su existencia: «La razón más profunda de la dignidad humana —leemos en el documento conciliar Gaudium et Spes—, *está en la vocación del hombre a la comunión de Dios. Ya desde su nacimiento es invitado el hombre al diálogo con Dios: pues, si existe, es porque, habiéndole creado Dios por amor, por amor le conserva siempre, y no vivirá plenamente conforme a la verdad, si no reconoce libremente este amor y si no se entrega a su Creador» (n. 19). Es en este diálogo de amor con Dios que se funda la posibilidad para cada uno de crecer según líneas y características propias, recibidas como don y capaces de 'dar sentido' a la historia y a las relaciones fundamentales de su existir cotidiano, mientras se está en camino hacia la plenitud de la vida».*[131]

La alegría es consecuencia de la identificación de la persona con el querer de Dios. También es cierto que «la alegría tiene sus raíces en forma de cruz». Como María, nuestra Madre, podemos cantar: *«Entonces dijo María: Mi alma glorifica al Señor y mi espíritu se regocija en Dios mi Salvador, porque se ha dignado fijarse en su humilde sierva. Desde ahora me llamarán dichosa todas las generaciones, porque el Poderoso ha hecho grandes cosas en mí. ¡Santo es su nombre!»* (Lc 1,46-49).

Doy gracias a Dios y a su bendita Madre y Madre mía por todo esto. Si ayuda a un mayor conocimiento de lo que el Cielo quiere para nuestro tiempo, bendito sea Dios. Como decía Lucia: *«todo para la Virgen»*.

---

del Catecismo de la Iglesia Católica, *apoyadas con textos de san Josemaría Escrivá*, artículo electrónico disponible en Bibliografía.

131   JUAN PABLO II, *Mensaje,* XXXVII Jornada Mundial de Oración por las Vocaciones, 6 de mayo de 2001.

Capítulo III

Amor y obediencia, esencia del sacrificio

Fátima es Eucaristía, amor hecho vida: Inmolación, ofrenda y reparación de Jesús hecho Carne y Sangre, Alma y Divinidad en la Santa Misa. Este es el camino que han de seguir los Pastorcitos: «Por María a Jesús», con María a Jesús por caminos de Cruz.

Queda concretado en las palabras de la Señora más brillante que el Sol, en la primera aparición, el día 13 de mayo de 1917: *«¿Queréis ofreceros a Dios para soportar todos los sufrimientos que Él quiera enviaros, en acto de reparación por los pecados con los que Él es ofendido y de súplica por la conversión de los pecadores?».*[132] El último mensaje, el 13 de octubre de 1917, será una petición llena de cariño para que nosotros, sus hijos, hagamos realidad lo que nos pide: *«No ofendan más a Dios que ya está muy ofendido».*

Terminada la primera Aparición, por un impulso de la gracia, caen de rodillas y adoran a Jesús presente en la Eucaristía: La Señora más brillante que el sol, a punto de terminar esta aparición:

> *«... abrió por primera vez las manos, comunicándonos una luz intensa que brotaba de ellas y penetró en nuestro corazón y en lo más íntimo de nuestras almas, haciendo que nos viésemos inmersos en Dios, que era esa luz, más claramente que si nos viésemos en un espejo. Entonces, por un impulso también íntimamente comunicado, caímos de rodillas y repeti-*

---

[132] CARMELO DE COÍMBRA, *Un Caminho sob...*, *op. cit.*, p. 51.

mos íntimamente: «*Oh, Santísima Trinidad, yo os adoro. Dios mío, Dios mío, yo os amo en el Santísimo Sacramento*».[133]

La Eucaristía aparece como nota dominante en Fátima, es el telón de fondo en el devenir de las apariciones. No puede ser de otro modo: Jesús es el Centro, Verbo hecho carne y camino para el Padre: «*Quien me ve a Mí ve al Padre*» (Jn 14,7-14). El Ángel, en las tres previas visitas, en 1916, les habla de la Eucaristía y les enseña una oración bellísima y plena de contenido teológico. La Virgen nos trajo a Jesús y no se queda con Él. Es camino para el Hijo, el único camino para llegar al Verbo de Dios hecho carne. La materia del sacrificio de la Cruz, son Cuerpo y Sangre recibidos de Santa María:

> «*Es el cuerpo recibido de María que, en Cristo, se convierte en víctima inmolada por la salvación de los hombres. Y es la sangre recibida de María la que circula por las venas de Jesús y mana impetuosa de su Corazón divino. Son el mismo cuerpo y la misma sangre, recibidos de María, lo que se nos da, bajo las especies eucarísticas, como alimento cotidiano para revigorizar en nosotros la vida de la gracia y así continuar en nosotros, miembros del Cuerpo Místico de Cristo, su obra redentora para la salvación de todos y de cada uno, en la medida en cada uno de adhiere a Cristo y coopera con Él*».[134]

Y la unidad inseparable de ambos Corazones en el sufrimiento: el de Jesús y el de María, como diremos más abajo en este escrito:

> «*Dios en sí mismo, no puede sufrir (…). Es en el Corazón de Jesús, que Él solo posee porque también es perfectamente humano, que se sitúa el sufrimiento referido a Dios. (…) Diremos, en cierto modo, que Dios quiere sufrir, por*

133   SOUSA SILVA, Manuel Fernando, *Los Pastorcitos de…, op. cit.,* p. 182.
134   MARÍA LUCIA DE JESÚS Y DEL CORAZÓN INMACULADO, SOR, *Apelos da Mensagem…, op. cit.,* p. 195.

amor. Él podía eliminar el ser humano y acabar con ese sufrimiento. Pero lo ama demasiado para ello. Él podría obligarnos a ser santos, eliminando nuestra libertad. Terminaría así con el sufrimiento. Pero, de igual modo, acabaría con nosotros. Por eso, como resultado de su amor, Dios se encuentra en la paradójica situación de depender de nosotros. Como una madre, cuya felicidad depende de modo vital de aquel hijo que ella engendró».[135]

Quedó dicho cómo en Pontevedra, el día 10 de diciembre de 1925, a Lucia tanto Jesús como la Santísima Virgen se refieren al Corazón Inmaculado:

«El Niño Jesús dijo: 'Ten pena del Corazón de tu Madre Santísima, que está rodeado de espinas que los hombres ingratos le clavan sin cesar, sin que haya quien haga un acto de reparación para quitárselos'. Enseguida dijo Nuestra Señora: 'Mira, hija mía, mi Corazón rodeado de espinas, que los hombres ingratos me clavan sin cesar con blasfemias e ingratitudes. Tú, al menos, procura consolarme'».[136]

El pecado es siempre fruto de la soberbia, del querer ser más que Dios, conduce a la desobediencia y a la ineficacia:

«(...) la historia europea parece, por vez primera, entregada a la decisión del hombre vulgar como tal. O dicho en voz activa: el hombre vulgar, antes dirigido, ha decidido gobernar el mundo. Esta decisión de adelantarse al primer plano social se ha producido en él, automáticamente, apenas llegó a madurar el nuevo tipo de hombre que él representa. (...) Este contentamiento consigo le lleva a cerrarse a toda instancia exterior, a no escuchar, a no poner en tela de juicio sus opiniones y a no contar con los demás».[137]

---

135   NEVES, JOÃO CESAR DAS, *O século de Fátima,* Editorial Principia, Estoril, 2002, p. 125.

136   CARMELO DE COÍMBRA, *Un Caminho sob...,* op. cit., p. 168.

137   PÉREZ LÓPEZ, PABLO, *De mayo del 68 a la cultura woke,* Ediciones Palabra, Madrid, 2024, p. 99.

El camino de vuelta a Dios pasa porque la creatura tome conciencia de su dependencia del Creador, someta su cabeza y su corazón y obedezca:

> *«Humildes... Mirad que Jesucristo nos ha besado los pies cuando los besó a los primeros doce. Él es quien es, y nosotros somos lo que somos: pobres criaturas. Si somos fieles, si somos humildes, seremos limpios, mortificados, obedientes; seremos eficaces, en todo el mundo: cuanto más humildes, más eficaces. No hemos venido a mandar, sino a obedecer».*[138]

El pecado actual, remedo del pecado del Paraíso, por el que el hombre se declara autónomo, dueño y señor de sí mismo y de su destino, es la soberbia que le lleva al rechazo de Dios. No necesita del Creador e intenta matarlo, destruirlo:

> *«Vivimos en un momento de grandes peligros y de grandes oportunidades para el hombre y para el mundo; un momento que es también de gran responsabilidad para todos nosotros. Durante el siglo pasado las posibilidades del hombre y su dominio sobre la materia aumentaron de manera verdaderamente impensable. Sin embargo, su poder de disponer del mundo ha permitido que su capacidad de destrucción alcanzase dimensiones que, a veces, nos horrorizan. (...) Menos visibles, pero no por ello menos inquietantes, son las posibilidades que el hombre ha adquirido de manipularse a sí mismo. Él ha medido las profundidades del ser, ha descifrado los componentes del ser humano, y ahora es capaz, por así decir, de construir por sí mismo al hombre, quien ya no viene al mundo como don del Creador, sino como un producto de nuestro actuar, producto que, por tanto, puede incluso ser seleccionado según las exigencias fijadas por nosotros mismos. Así, ya no brilla sobre el hombre el esplendor del ser imagen de Dios, que es lo que le confiere su dignidad e inviolabilidad sino solamente el poder de las capacidades humanas. No es más que imagen del hombre, ¿de qué hombre? (...) De este modo, el rechazo de la referencia a Dios, (es) más bien la expresión de una*

---

138   ESCRIVÁ DE BALAGUER, JOSEMARÍA, *Carta, 2ª, n. 33*, Edición de LUIS CANO, Rialp, Madrid, 2020.

conciencia que quiere ver a Dios cancelado definitivamente de la vida pública de la humanidad, encerrado en el ámbito subjetivo de culturas residuales del pasado. (…) En realidad, todo esto significa que necesitamos raíces para sobrevivir y que no debemos perder de vista a Dios, si queremos que la dignidad humana no desaparezca».[139]

Dios no está dormido y actúa providencialmente entreverando su Voluntad con la intervención libre del hombre: *«La Historia es el escenario geográfico, temporal, cultural y social en el que el hombre desarrolla su vida y donde, con su voluntad y libertad, se juega conseguir la salvación ganada por Jesucristo para toda la humanidad».*[140]

---

139 RATZINGER, JOSEPH, *Conferencia en el Monasterio de Santa Escolástica al recibir el Premio «San Benito por la promoción de la vida y de las familias en Europa»*, Subiaco, Italia, 1 de abril de 2005, disponible en formato electrónico en la Bibiliografía (N. del A.: recomiendo vivamente la lectura íntegra de este discurso. Descubriremos la raíz de la deriva hacia el mal del hombre de hoy).

140 FERNÁNDEZ DÍAZ, JORGE, *El diluvio de sangre (I)*, Diario «La Razón», Madrid, 20 de enero de 2024, disponible electrónicamente en la Bibliografía: *«Ya hemos tenido ocasión de comentar con anterioridad el denominado «sentido de la Historia», entendido como la respuesta a la pregunta de si la Historia consiste tan solo en una mera sucesión aleatoria en el tiempo, de acontecimientos naturales y humanos, sean estos políticos, económicos, militares o sociales; o si, por el contrario, tiene algún sentido. Por supuesto, en este caso, surge inmediata la pregunta: ¿Y cuál es éste? Sabemos que fue el entonces Obispo de Hipona, San Agustín, en el siglo V, en una coyuntura histórica muy singular, viviendo el principio del fin del Imperio Romano de Occidente, quien en su magna obra «De civitate Dei» (La ciudad de Dios) dará la respuesta a ese interrogante: la Historia es el escenario geográfico, temporal, cultural y social en el que el hombre desarrolla su vida y donde, con su voluntad y libertad, se juega conseguir la salvación ganada por Jesucristo para toda la humanidad. Este es el sentido «cristiano» de la Historia que sentará los fundamentos de su propia Teología, la Teología de la Historia, entendida como el estudio de la presencia del «brazo de Dios» que, respetando la libertad humana, misteriosamente conduce la Historia como Señor de la misma junto al hombre (…) Siempre el Cielo ha precedido a la ofensiva diabólica con un aviso de precisión cuasi matemática, señalando el peligro e indicando el remedio, y es la Virgen la enviada para anunciarlo. En Francia lo hará unos días antes de la revolución de*

Dios marca el rumbo de la historia, pero no quiere hacer solo el camino. Busca la respuesta libre del hombre para realizar sus planes. No siempre el hombre está a la altura de su dignidad y quiere caminar solo, abusando de la libertad que el Creador le entregó. Dios sabe, no obstante, redirigir los acontecimientos para que redunden en bien de aquellos a los que ama (cf. Rom 8,28). Dios no quiere perder ni uno de sus hijos. Le costamos toda la Sangre de Jesucristo en la Cruz. La expresión máxima de esta actitud tiene una fecha: 25 de julio de 1968. Publica el Papa San Pablo VI, la *Humanae Vitae*. Y surge, como un ciclón que amenaza con llevarse todo por delante, la rebelión de la progresía contra el Papa.

> *«Para Pablo VI fue un año especialmente difícil en su nada fácil pontificado. (...) El papa debía tomar una decisión acerca de la licitud moral de la contracepción y la regulación de la natalidad en el matrimonio cristiano. Su respuesta llegó con la encíclica* Humanae Vitae, *publicada en julio de 1968. Pablo VI advertía de los males que derivarían de la admisión de los métodos contraceptivos distintos de los ritmos puramente naturales y desestimaba la contracepción como solución el asunto. La prensa francesa le retiró su favor. No faltaron clérigos, tampoco obispos, que disintieron de su resolución en público y en privado. Las consecuencias hacen que lectura de*

---

julio de 1830 apareciéndose en la Rue du Bac; en la Salette antes de la de 1848; anticipándose a la Revolución bolchevique de 1917 en Fátima, y lo hará antes de la toma del poder por Hitler como canciller de la República de Weimar el 30 de enero de 1933. La revolución nacional-socialista no fue una excepción, y poco antes se apareció unas treinta y tres veces a cinco niños en la aldea belga de nombre Beauraing situada en las Ardenas. No será la única, pues se superpuso en 1933 a otras apariciones suyas en Banneux, aldea también belga situada a 12 kilómetros de Lieja. Tras pactar Hitler con Stalin en Moscú el 23 de agosto de 1939 el reparto de Polonia y la anexión de las repúblicas bálticas y otros territorios fronterizos de la URSS, comenzaba la invasión de Polonia y la guerra el 1º de septiembre de 1939. (...) podremos atestiguar las reiteradas y llamativas coincidencias entre importantes sucesos de la contienda y las fechas en que se produjeron. También cómo la invasión por parte de la Wermacht nazi de Francia y el Benelux en mayo de 1940 se verá obstaculizada en los lugares de las Ardenas donde se había aparecido la Virgen».

la Humanae Vitae *hagan evidente su carácter premonitorio, o profético si lo prefieren»*.[141]

Puede resumirse este temporal en una frase dura y explícita, al mismo tiempo: «Nadie tiene derecho a decirme lo que tengo que hacer en la cama. Es un asunto mío y de nadie más». Y el hombre se proclama dueño y señor de la vida y, por tanto, quien decide los que han de vivir o los que han de morir. Y las consecuencias de esta deriva son notorias y tienen como consecuencia el intento de «mundanizar» la Iglesia, adaptarla al mundo, asumiendo sus modos de pensar. No es esa la voluntad de Dios: *«Yo les he dado tu palabra y el mundo los odió (...) Ellos no son el mundo, como tampoco Yo soy del mundo»* (Jn 17,14.16).

Lo que parecía olvidado resurge de nuevo, quizá con más fuerza:

«El siglo XX no es el siglo del triunfo del ateísmo.[142] *El desarrollo de las razones filosóficas para la destrucción de la creencia en Dios es herencia de siglos anteriores. Sobre eso nos habla La Salette. La construcción dogmática de un 'humanismo ateo» es obra del ochocientos. Obra, empero, inacabada y fallida. De hecho, se pretendía una obra imposible».*[143]

Estaba, sencillamente, encerrado esperando la oportunidad de emerger con nueva fuerza. Es el Modernismo, en su más genuino sentido, que pretende destruir la Iglesia desde dentro. Creo que su máxima expresión es lo que estamos viviendo: el pecado contra Dios Creador. El hombre quiere ser autónomo, es decir, quien solo está sometido a la ley que a

---

141   PÉREZ LÓPEZ, PABLO, *De mayo del 68..., op. cit.,* pp. 121-122.
142   PÍO X, Carta Encíclica *Pascendi Dominici gregis,* 8 de septiembre de 1907. En ella el papa condenó el modernismo teológico y tomaba medidas para evitar que su error dañase a la fe de los católicos.
143   NEVES, JOÃO CESAR DAS, *O século de..., op. cit.,* p. 119. Vid. DE LUBAC, HENRI, *El drama del humanismo ateo,* citado en LORDA, JOSÉ LUIS, *El drama del humanismo ateo, de Henri de Lubac,* en la Revista «Omnes», disponible electrónicamente en la Bibliografía.

sí mismo se da.[144] Sin caer en la cuenta que, en la medida en que abandona la ley de Dios, se hace esclavo de sí mismo, de sus pasiones y del mundo, como enemigo del alma, con sus leyes inicuas que le someten a lo peor de sí mismo; las pasiones desordenadas y a merced de quien es mentiroso desde el principio: Luzbel.

> «(…) Recuerden que el modernismo nacido en el siglo XIX consolidó el relativismo demoledor del siglo XX, donde negamos el bien y el mal… para acabar en la Blasfemia contra el Espíritu Santo, donde hemos vuelto a distinguir entre el bien y el mal: llamamos mal al bien y bien al mal. Y es que el progresismo no para: siempre en movimiento, ni hacia adelante ni hacia atrás: en círculo».[145]

El amor, que es estrega sin condiciones, es el único camino para ser libres y reparar. Jesucristo en la Cruz es, pues, la única senda:

> «El concepto cristiano de sacrificio solo puede adquirir su verdadero significado a partir de la realidad de la comunión del Padre, del Hijo y del Espíritu Santo. En su kénosis (cfr. Fil 2,7) Dios, a través del Hijo, ofrenda sacrificial de la humanidad, se ofrece a los hombres. Por el Hijo somos arrancados de nuestro egoísmo y de nuestra lejanía de Dios,

---

144 Cf. JUAN PABLO II, Carta Encíclica *Evangelium Vitae*, 25 de marzo de 1995, n. 21: «*En la búsqueda de las raíces más profundas de la lucha entre la «cultura de la vida» y la «cultura de la muerte», no basta detenerse en la idea perversa de libertad anteriormente señalada. Es necesario llegar al centro del drama vivido por el hombre contemporáneo: el eclipse del sentido de Dios y del hombre, característico del contexto social y cultural dominado por el secularismo, que con sus tentáculos penetrantes no deja de poner a prueba, a veces, a las mismas comunidades cristianas. Quien se deja contagiar por esta atmósfera, entra fácilmente en el torbellino de un terrible círculo vicioso: perdiendo el sentido de Dios, se tiende a perder también el sentido del hombre, de su dignidad y de su vida*».

145 LÓPEZ, EULOGIO, *Cuando el progresista Salustiano Olózaga se ensañó con Sor Patrocinio, un personaje de gran actualidad*, Publicado en la revista «Hispanidad», el 22 de junio de 2024, artículo electrónico disponible en la Bibliografía.

incorporados en la auto-entrega sacrificial de amor, y constituidos participantes de la vida de Dios trino».[146]

El hombre, cada hombre, ha de morir a sí mismo para dejarse endiosar por el Hombre Dios.[147] Y el camino es la obediencia, el sometimiento pleno al querer de Dios. No se puede, y con menos palabras, definir lo que es el verdadero sacrificio. Y es lo que, con otras palabras, le va a contestar el Ángel de Portugal a la pregunta que Lucia le hace durante la segunda aparición, en Pozo do Arneiro: *«-¿Cómo hemos de sacrificarnos? — De todo lo que pudiereis, ofreced a Dios un sacrificio en acto de reparación por los pecados con que Él es ofendido y de súplica por la conversión de los pecadores. Atraed así, sobre vuestra Patria, la paz».[148]*

Dicho de otro modo: toda la vida, hasta lo que pueda parecer más profano, puede y debe ser ofrecido a Dios en unión con el Sacrificio de la Santa Misa: *«Donde no hay amor, pon amor y encontrarás amor»* es un conocido pensamiento de San Juan de la Cruz. *«Los hombres creen escribir la historia, cuando es Dios quien permite todo para nuestro bien. Aunque no comprendamos. El corazón creyente recibe la invitación a descubrir ese misterioso designio de Dios, para poner amor donde no hay amor. Es entonces cuando el mundo y la vida cobran una luz especial: se convierten en fuente de paz y de amor, de felicidad y de esperanza que nacen del abandono confiado en Dios».[149]* Lo más intrascendente, hecho por Amor de Dios, se convierte en endecasílabo, en verso heroico.[150]

La Santa Misa, centro y raíz de la vida cristiana, aparece como el lugar donde la vida cristiana, en todos los mo-

---

146   MÜLLER, GERHARD, *Eucaristía e sacrificio,* en «Mysterium Redemptionis», Congreso Internacional de Fátima, *«Do Sacrificio de Cristo á dimensâo sacrificial da existencia cristâ»,* Santuario de Fátima, 2002, p. 411.

147   Vid. Flp. 2, 9

148   CARMELO DE COÍMBRA, *Un Caminho sob…, op. cit.,* p. 37.

149   PASCUAL, FERNANDO, *San Juan de la Cruz Pon amor y sacarás amor,* s.f., artículo electrónico disponible en Bibliografía.

150   ESCRIVÁ DE BALAGUER, JOSEMARÍA, *Amar al mundo…, op. cit..*

mentos y circunstancias, puede y debe ser el modo concreto por el que cada hijo de Dios adora, da gracias, repara y pide, en unión con Jesús crucificado, al Padre con el Espíritu Santo por la remisión de los pecados y arranca, uno a uno, con todo el amor de su corazón, las espinas clavadas en el Corazón Inmaculado de María.

La Santa Misa es actualización sacramental, en ningún caso repetición,[151] del Sacrificio único y eterno de Jesús en la Cruz: *«Entonces vi en medio del trono y de los cuatro seres vivos y en medio de los ancianos un Cordero erguido, como sacrificado»* (Ap 5,6-7ss). Jesús permanece como Cordero inmolado para interceder por nosotros ante el Padre por toda la eternidad.

El sacrificio de Jesucristo en la Cruz es el verdadero sacrificio, no tanto por la destrucción de la víctima cuanto por la entrega amorosa de todo cuanto es y tiene al Padre, en obediencia —*seipsum exhinanivit factus obbediens*— (Fil 2,5-8).

«La muerte de Jesús no significa fracaso de su misión, antes al contrario, es su pleno cumplimiento. No fue el sufrimiento físico ni la muerte de Jesús los que realizaron la reconciliación e inauguraron la nueva comunión con Dios; fue, eso sí, su auto-entrega al Padre, consumada en la muerte de cruz, que operó la unidad de comunicación personal del Padre y el Hijo y de la entrega agradecida del Hijo al Padre

---

151 CATECISMO DE LA IGLESIA CATÓLICA, Asociación de Editores del Catecismo, Madrid, 1992, n. 1363: *«(…) para comprender el valor de la misa debemos ante todo entender entonces el significado bíblico del «memorial». «En la celebración litúrgica, estos acontecimientos se hacen, en cierta forma, presentes y actuales. De esta manera Israel entiende su liberación de Egipto: cada vez que es celebrada la Pascua, los acontecimientos del Éxodo se hacen presentes a la memoria de los creyentes a fin de que conformen su vida a estos acontecimientos».* Vid. FRANCISCO, *Audiencia General,* del 8 de noviembre de 1917: *«Jesucristo, con su pasión, muerte, resurrección y ascensión al cielo llevó a término la Pascua. Y la misa es el memorial de su Pascua, de su «éxodo», que cumplió por nosotros, para hacernos salir de la esclavitud e introducirnos en la tierra prometida de la vida eterna. No es solamente un recuerdo, no, es más: es hacer presente aquello que ha sucedido hace veinte siglos».*

en favor de los hombres. La muerte de Jesús no es, por tanto, eficazmente salvífica porque solo los tormentos de la agonía y de la muerte de un hombre tuviesen poder para reconciliar a Dios, sino porque esta muerte es realización histórica y real de la voluntad salvífica en el Hijo, es la realización efectiva de la entrega del Hijo [...] la muerte corporal de Jesús es manifestación de su obediencia a la voluntad del Padre hasta la muerte de cruz, revelando el amor de Dios».[152]

La Santa Misa pone de manifiesto el Amor de Dios a cada uno de nosotros. *«Tanto amó Dios al mundo que entregó a su Hijo»* (Jn 3,6). Dejarse empapar por este Misterio, embriagarse de tanta locura: *«Con la fuerza de esta esperanza no tenemos miedo a las pruebas, las cuales, por más dolorosas y pesadas que sean, nunca pueden alterar la profunda alegría que brota en nosotros del hecho de ser amados por Dios. Él, en su providente misericordia, entregó a su Hijo por nosotros, y nosotros, aun sin verlo, creemos en él y lo amamos (cf. 1P 1,3-9). Su amor nos basta».*[153]

Y Jesús continúa, como Sacerdote Eterno, entregándose al Padre:

> *«Él continúa permanentemente ofreciéndose como víctima por nosotros al Padre: silencioso y orante, en la soledad de nuestras Iglesias; olvidado, despreciado, maltratado, humillado y pobre, prisionero en nuestros Sagrarios. El mensaje nos pide que ofrezcamos a la Santísima Trinidad, en reparación por todos los pecados con que Jesús es ofendido, la Víctima de nuestros altares».*[154]

La presencia de Santa María en el Misterio Eucarístico es continua. Ella se identifica en plenitud con su Hijo. El Corazón de María late al unísono con el Corazón de su divino Hijo:

---

152   MÜLLER, GERHARD, *Eucaristía e sacrificio, op. cit.*, p. 424.

153   BENEDICTO XVI, *Homilía*, IV Congreso Nacional de la Iglesia Italiana, el 19 de octubre de 2006.

154   MARÍA LUCÍA DE JESÚS Y DEL CORAZÓN INMACULADO, SOR, *Apelos da Mensagem..., op. cit.*, p. 104.

«Podemos pensar que las aspiraciones del Corazón de María se identifican absolutamente con las aspiraciones del Corazón de Cristo, el ideal de María es el mismo que el de Cristo, el amor del Corazón de María era el amor del Corazón de Cristo a Dios Padre y a los hombres. Toda la obra redentora, en su principio, pasa por el Corazón Inmaculado de María, en virtud del vínculo que la une íntima y estrechamente con el Verbo hecho carne. Desde que el Padre confió a María el Hijo, encerrándolo nueve meses en el seno virginal de la Señora (...), desde ese momento y por disposición de Dios, María vino a ser, con Cristo, corredentora del género humano».[155]

La materia del sacrificio de la Cruz, son Cuerpo y Sangre recibidos de Santa María:

«Es el cuerpo recibido de María que, en Cristo, se convierte en víctima inmolada por la salvación de los hombres. Y es la sangre recibida de María la que circula por las venas de Jesús y mana impetuosa de su Corazón divino. Son el mismo cuerpo y la misma sangre, recibidos de María, lo que se nos da, bajo las especies eucarísticas, como alimento cotidiano para revigorizar en nosotros la vida de la gracia y así continuar en nosotros, miembros del Cuerpo Místico de Cristo, su obra redentora para la salvación de todos y de cada uno, en la medida en cada uno de adhiere a Cristo y coopera con Él».[156]

El mensaje de Fátima es una llamada a la esperanza, a la certeza de que la semilla en algún lugar dará fruto, nunca queda estéril. Sólo necesita corazones que sean tierra buena en la que pueda ser sembrada:

«Amigos míos, vosotros sois una semilla que Dios ha sembrado en la tierra, que encierra en su interior una fuerza de lo Alto, la fuerza del Espíritu Santo. No obstante, para que la promesa de vida se convierta en fruto, el único camino posible es dar la vida por amor, es morir por amor. Lo dijo Jesús mismo: "Si el grano de trigo no cae en tierra y muere,

---

155 *Ídem*, p. 105.
156 *Ibídem*, p. 195.

queda infecundo; pero, si muere, da mucho fruto. El que se ama a sí mismo, se pierde, y el que se aborrece a sí mismo en este mundo, se guardará para la vida eterna" (Jn 12,24-25). Así habló y así hizo Jesús: su crucifixión parece un fracaso total, pero no lo es. Jesús, en virtud «del Espíritu eterno, se ha ofrecido a Dios como sacrificio sin mancha» (Hb 9,14). De este modo, cayendo en tierra, pudo dar fruto en todo tiempo y a lo largo de todos los tiempos. En medio de vosotros tenéis el nuevo Pan, el Pan de la vida futura, la Santa Eucaristía que nos alimenta y hace brotar la vida trinitaria en el corazón de los hombres».[157]*

Acudamos, como hijos fieles, a refugiarnos en el Corazón Inmaculado de María, muy metidos en el Corazón de la Señora del mensaje:

> *«Como Madre de Cristo y de su Cuerpo Místico, el Corazón de María es de algún modo el corazón de la Iglesia: y es ahí en el corazón de la Iglesia, donde la Virgen, en unión con Jesús, vela por los hijos de la Iglesia, dispensándoles su protección maternal. Ella, en nombre de Cristo, hijo suyo, intercede por nosotros ante el Padre. Y es en nombre de Cristo, presente en la Eucaristía y hecho uno con nosotros por la Comunión, que unimos nuestras oraciones a las de María, para que Ella las dirija al Padre en Jesucristo su Hijo».*[158]

---

157   BENEDICTO XVI, *Discurso,* Viaje Apostólico a Camerún y Angola: Encuentro con los jóvenes en el Estadio Dos Coqueiros de Luanda, el 21 de marzo de 2009.

158   MARÍA LUCIA DE JESÚS Y DEL CORAZÓN INMACULADO, SOR, *Apelos da Mensagem…, op. cit.,* p. 106.

Capítulo IV

La Santísima Virgen en el misterio de la redención

> *« Ya me falta poco para ir al Cielo; tú, quédate aquí abajo para hacer saber que el Señor quiere establecer en el mundo la devoción al Corazón Inmaculado de María. Cuando tengas que hablar, ¡no te escondas! Di a todos que Dios nos concede sus gracias por mediación del Corazón Inmaculado de María, que las pidan a Ella; que el Corazón de Jesús quiere que con su Corazón sea venerado el Corazón Inmaculado de María [...] ¡Si yo pudiera infundir en el corazón de todos el fuego que siento aquí dentro, que tanto me hace saborear el Corazón de Jesús y el de María!...».* [159]

Son palabras que resumen de modo antológico, claro y concreto lo que significa la visión de Pontevedra dentro de la teología encerrada en la historia de Fátima. [160] La Señora del

---

159   GONZAGA DA FONSECA, LUIS, *Las Maravillas de Fátima* (traducción de la 9ª edición italiana, 5ª edición española notablemente aumentada por Facundo Jiménez, S.J., Gráficas Claret, Barcelona. 1948), p. 126.

160   Pontevedra es la ciudad de la Señora del Cielo y Camino de Santiago. La Virgen y Santiago van de la mano. Ya desde el comienzo de la evangelización de Hispania, a orillas del Ebro, en Zaragoza, surge el Pilar. En Pontevedra, bañada por el Lérez, se levanta la iglesia de Santa María, de estilo gótico tardío. Y, muy cerca, la Peregrina acoge a los que van camino de Santiago de Compostela, peregrinos en busca de la gran perdonanza. Y María los prepara. A poca distancia de Santa María, calle abajo, llegamos al que otrora fue convento de la Hermanas Doroteas, residencia temporal de la Hermana Lucia.

Mensaje aparece como Medianera universal de todas las gracias y en íntima unión con el Corazón Sacratísimo de su Hijo. Ambos Corazones han de ser venerados en una sola fiesta. Esta petición del Cielo aparece también en anteriores revelaciones de Jesús y de María.

El amor de Jacinta a los Corazones de Jesús y de María merece un tratado aparte y no cabe en este estudio. Repito las palabras de la Pastorcita, palabras que no pueden proceder solo de una niña en la primera década de su vida. Tienen su fuente en la acción del Espíritu Santo, que va conformando su alma a la medida de «Jesús escondido».

La vida entera de los Pastorcitos tiene como único objetivo vivir para la gloria de Dios y pedir por la conversión de los pecadores, unidos a la Cruz de Jesús. Como veremos en su momento, harán de sus vidas una Misa continuada.

En la bitácora de sus vidas, la estrella polar, que marca el rumbo de su existencia, es la pregunta que les hace la Señora más brillante que el Sol, en la primera aparición el día 13 de mayo de 1917: *«¿Queréis ofreceros al Señor, dispuestos a sacrificaros y aceptar con gusto todas las penas que Él quiera enviaros, en reparación de tantos pecados con los que se ofende a la Divina Majestad, para alcanzar la conversión de los pecadores, y en reparación de las blasfemias hechas al Inmaculado Corazón de María?».*[161]

Pregunta que incide, de un modo nuevo, en lo que, un año antes, el Ángel de Portugal, les comunica en el Pozo d'o Arneiro, en la mitad del verano. En la conversación con el embajador celestial, Lucía le pregunta: *«¿Cómo hemos de sacrificarnos? —De todo lo que pudiereis ofreced a Dios un sacrificio en acto de reparación por los pecados con los que Él es ofendido y de súplica por la conversión de los pecadores».*[162]

Toda la vida puede y debe ser ofrenda de amor a Dios Padre, por el Hijo, en el Espíritu Santo:

161   GONZAGA DA FONSECA, LUIS, *Las Maravillas de Fátima…*, *op. cit.*, pp. 27-28.

162   SOUSA SILVA, MANUEL FERNANDO, *Los Pastorcitos de…*, *op. cit.*, p. 164.

«Toda la Trinidad está presente en el Sacrificio del Altar. Por voluntad del Padre, cooperando el Espíritu Santo, el Hijo se ofrece en oblación redentora».[163] Toda la vida, hasta en sus más «pequeños» actos, vivida para la gloria de Dios haciéndola sagrada —*sacrum facere*—, porque va unida a la Santa Misa que es ofrenda de adoración, de reparación, de acción de gracias y de petición. Hacer de la misma vida una misa continuada, de la mañana a la noche y de la noche a la mañana. *«Si el Hijo de Dios se hizo hombre y murió en una Cruz, fue para que todos los hombres seamos una sola cosa con Él y con el Padre. Todos, por tanto, estamos llamados a formar parte de esta divina unidad. Con alma sacerdotal, haciendo de la Santa Misa el centro de nuestra vida interior, buscamos estar con Jesús, entre Dios y los hombres».*[164]

El Catecismo de la Iglesia Católica concreta cómo ha de ser la vida cristiana para convertirse en una Misa continuada a lo largo del día. No es necesario hacer cosas extraordinarias. Basta con hacer lo que hacemos poniendo mucho amor de Dios:

«Los laicos, consagrados a Cristo y ungidos por el Espíritu Santo, están maravillosamente llamados y preparados para producir siempre los frutos más abundantes del Espíritu. En efecto, todas sus obras, oraciones, tareas apostólicas, la vida conyugal y familiar, el trabajo diario, el descanso espiritual y corporal, si se realizan en el Espíritu, incluso las molestias de la vida, si se llevan con paciencia, todo ello se convierte en sacrificios espirituales agradables a Dios por Jesucristo (cf. 1P 2,5), que ellos ofrecen con toda piedad a Dios Padre en la celebración de la Eucaristía uniéndolos a la ofrenda del Cuerpo del Señor».[165]

---

163 ESCRIVÁ DE BALAGUER, JOSEMARÍA, *Es Cristo que pasa,* 46ª edición, Rialp, Barcelona, n. 87,

164 ESCRIVÁ DE BALAGUER, JOSEMARÍA, *Carta 11-III-1940,* n. 11, Edición de LUIS CANO, Rialp, Madrid, 2020.

165 CATECISMO DE LA IGLESIA CATÓLICA, Asociación de Editores del Catecismo, Madrid, 1992, nn. 901-903.

El Ángel, en la tercera aparición, en torno a la fiesta de San Miguel Arcángel, les enseña una oración que centra el tema objeto de este capítulo: Reparar unidos a Jesús, clavados con Él en la Cruz:

> «*Santísima Trinidad, Padre, Hijo y Espíritu Santo, os adoro profundamente y os ofrezco el preciosísimo Cuerpo, Sangre, Alma y Divinidad de Jesucristo, presente en todos los sagrarios de la tierra, en reparación de los ultrajes, sacrilegios e indiferencias con que Él mismo es ofendido. Y por los méritos infinitos de su Santísimo Corazón y del Corazón Inmaculado de María, os pido la conversión de los pobres pecadores»* [...] *Tomad y bebed el Cuerpo y la Sangre de Jesucristo, horriblemente ultrajado por los hombres ingratos. Reparar sus crímenes y consolad a vuestro Dios».*[166]

El sufrimiento, los dolores físicos y morales, la incomprensión..., desde muy temprano, surgieron en la vida de los Pastorcitos. Obedientes a la misión recibida, se pusieron en camino hacia la Cruz abrazándola con alegría:

> «*Pronto sobrevinieron los días de tribulación, y a los sacrificios voluntarios se unieron las más duras pruebas. A cada una de estas, la pequeña Jacinta preguntaba a sus compañeros: '-¿Habéis dicho a Jesús que todo es por amor suyo?' Si contestaban que no, ella con angelical sencillez, juntaba las manos, y alzando los ojos al cielo, decía: '¡Oh, Jesús!; es por vuestro amor y por la conversión de los pecadores' [...] '¡No te preocupes! ¿No nos ha dicho Nuestra Señora que tendríamos que sufrir mucho para desagraviar al Señor y a su Corazón Inmaculado por los muchos pecados por los cuales son ofendidos? ¡Ellos están tan tristes!... Si con estos sufrimientos los podemos consolar, ya podemos estar contentos'».*[167]

---

166   SOUSA SILVA, MANUEL FERNANDO, *Los Pastorcitos de...*, *op. cit.*, pp. 166-167.

167   GONZAGA DA FONSECA, LUIS, *Las Maravillas de Fátima...*, *op. cit.*, p. 119.

Los dos Corazones, el de Jesús y el de María, quiere el Cielo que estén inseparablemente unidos. Nos cuenta Santa Margarita María de Alacoque que Jesús le pidió el corazón para transformarlo en el suyo. ¿Cómo iba a portarse de distinta manera con el Corazón de su Madre? El Corazón de María permanece unido al Corazón de su Hijo de la manera más íntima que creatura humana puede estarlo con el Creador y es Maestra para cada uno de nosotros:

> *«Luego,* continúa Margarita, *me pidió el corazón, el cual yo le suplicaba tomara, y lo cual hizo, poniéndome entonces el suyo adorable, desde el cual me hizo ver como un pequeño átomo que se consumía en el horno encendido del suyo, de donde lo sacó como llama encendida en forma de corazón, poniéndolo a continuación en el lugar de donde lo había tomado, diciéndome al propio tiempo: 'He ahí, mi bien amada, una preciosa prenda de mi amor, que encierra en tu costado una chispa de sus más vivas llamas, para que te sirva de corazón y te consuma hasta el último instante y cuyo ardor no se extinguirá ni enfriará. De tal forma te marcaré con la Sangre de mi Cruz, que te reportará más humillaciones que consuelos. Y como prueba de que la gracia que te acabo de conceder no es nada imaginario, aunque he cerrado la llaga de tu costado, te quedará para siempre su dolor y, si hasta el presente solo has tomado el nombre de esclava mía, ahora te doy el de discípula muy amada de mi Sagrado Corazón».*[168]

La Señora vestida de blanco viene a Pontevedra, el día 10 de diciembre de 1925, para cumplir la promesa hecha en Fátima a los Pastorcitos, el día 13 de julio de 1917: *«(…) vendré a pedir (…) la Comunión reparadora en los primeros sábados».*[169] Y coloca la penúltima piedra del mensaje —la última será puesta en Tuy—. Las palabras que el Niño Jesús

---

168   DE ALACOQUE, MARGARITA MARÍA, *Obras completas,* editorial Monte Carmelo, Madrid, 2022, p. 237.
169   MARÍA LUCIA DE JESÚS Y DEL CORAZÓN INMACULADO, SOR, *Memorias…, op. cit.,* IV, II, n. 5, p. 166.

y la Virgen María dirigen a Lucia ponen de manifiesto cómo ambos Corazones laten al unísono. Es más, así como todas las gracias del Cielo nos vienen a través de María, del mismo modo, todos los pecados, antes de llegar al Corazón de Jesús, pasan por el Corazón de María. Lucia narra cómo fue la visión de Pontevedra en aquel venturoso día 10 de diciembre de 1925, mientras su alma estaba sumida en lúgubres tinieblas que la atenazaban. No tenía nadie a quién recurrir en esta tierra. Solo encontraba soledad e incomprensión. Así nos lo cuenta la Pastorcita:

> «*Estaba en mi cuarto, cuando de repente se ilumina; era la luz de la querida Madre del Cielo que viene con Jesús Niño en una nube luminosa. Nuestra Señora, como queriendo infundirme coraje, me pone dulcemente la mano maternal en el hombro derecho, mostrándome al mismo tiempo su Corazón Inmaculado que trae en la otra mano, cercado de espinas; el Niño Jesús dice: 'ten pena del Corazón de tu Madre Santísima, que está cubierto de espinas que los hombres ingratos en todo momento le clavan, sin que haya quien haga un acto de reparación para quitárselas'. En seguida dijo Nuestra Señora: 'Mira, hija mía, mi Corazón rodeado de espinas, que los hombres ingratos en todo momento me clavan con blasfemias e ingratitudes. Tú al menos procura consolarme'...*».[170]

Jesús es el mejor de los hijos. No permanece indiferente al dolor de su Madre.[171] Nos pide que le acompañemos en la reparación, que permanezcamos junto a su Madre bendita y la rodeemos de amor.

---

170   CARMELO DE COÍMBRA, *Un Caminho sob…*, *op. cit.*, p. 168.
171   DE FIORES, STEFANO, *Volutazione e significato teológico delle lacrimazioni de la Madonnina,* citado en Flavio Ubodi, *La Virgen de Citavecchia,* Homo Legens, *Madrid,* 2019, p. 55: «*En las mariofanías de los siglos XIX y XX, la Virgen ha revelado una profunda humanidad, su delicadeza y su participación psicológica en la suerte del mundo. Tal vez la sonrisa no esté ausente de ella. Sin embargo, en la serie de sus apariciones, en el rostro de María predomina más una expresión de seriedad, dolor, tristeza e incluso llanto*».

El mensaje de Fátima es, en primer lugar, una llamada a la conversión, a la identificación con Jesús en la Cruz, para la Gloria de Dios y la reparación de los pecados: *«No ofendan más a Dios Nuestro Señor que ya está muy ofendido»*, les dirá la Santísima Virgen a los Pastorcitos el 13 de octubre de 1917,[172] respondiendo a lo prometido el 13 de mayo: *«Entonces, os diré quién soy y lo que quiero»*.

En Pontevedra aparecerá inseparablemente unida con Jesús para corredimir, desde la vida ordinaria, sin pretender buscad grandes heroicidades:

> *«Para ser corredentores no esperemos grandes sufrimientos que pueden no llegar. La vida cotidiana, en su normal acontecer, ofrece muchas ocasiones de sacrificio, en el cumplimiento fiel de los deberes de estado, monótonos y cansinos, en detalles de paciencia, delicadeza y amor, en el olvido de sí, en la atención y preocupación por los demás. Jesús no esperó a la hora del Calvario para redimirnos. 'Toda la vida de Cristo fue cruz y largo martirio' (Imitación de Cristo, II, Cap. XII, 7). Toda su vida fue redentora. Y, por eso, nos pide también 'la cruz de todos los días' (Lc 9,23)»*.[173]

Es, al mismo tiempo, una fuerte llamada a la Esperanza, a la certeza de que Dios nos quiere con locura, está a nuestro lado siempre, en cada momento de nuestra vida y nos espera en el Cielo para darnos un gran abrazo y revestirnos de gloria. Y la Madre de Dios y Madre nuestra es la garantía:

> *«Hijos míos predilectos, os amo y sufro al veros sufrir. Mi Corazón Inmaculado transformará en alegrías inmensas vuestros sufrimientos que vosotros aceptáis con verdadero amor, porque son pruebas que el Señor Jesús permite. [...] Yo os sigo personalmente, guiándoos de la mano como a niños, porque así sois y así debéis seguir siendo»*.[174]

---

172   CARMELO DE COÍMBRA, *Un Caminho sob...*, op. cit., p. 90.

173   COSME DO AMARAL, ALBERTO, *Fátima nos caminhos do homem*, Documento Pastoral, Leiria, 1973, p. 45.

174   DE FIORES, STEFANO, *Volutazione e significato...*, op. cit., p. 95.

Esperanza que anida en el corazón de tantas almas que, a lo largo de los siglos, han sabido poner su confianza en Santa María y unir los propios sufrimientos con los sufridos por Jesús en la Cruz, para la remisión de la pena que habrían de sufrir en el purgatorio:

> «*Esta mi paciencia, unida a los méritos de la dolo-rosísima pasión del Señor (infinitamente superior en todos los aspectos a todo lo que yo pueda sufrir), mitigará la pena que tenga que sufrir en el purgatorio y, gracias, a su divina bondad, me conseguirá más tarde aumento de premio en el cielo (...).*
> *Ten, pues, buen ánimo, hija mía, y no te preocupes por mí, sea lo que sea que me pase en este mundo. Nada puede pasarme que Dios no quiera. Y todo lo que él quiere, por muy malo que nos parezca, es en realidad lo mejor*».[175]

Podemos encontrar, en la piedad popular y en los devocionarios, que orientaron al pueblo cristiano, un «lugar teológico», que no pretende definir la doctrina católica, pero sí rastrear la acción del Espíritu Santo en las almas fieles a lo largo de la historia:

> «*María no es la redentora del hombre. El único Redentor es Jesucristo. Pero la Iglesia le da el título de Corredentora por haber contribuido a la Redención de estos tres modos: Primero, dando su libre consentimiento a la Encarnación del Hijo de Dios con aquellas palabras «He aquí la esclava del Señor; hágase en mi según tu palabra» (Lc 1,18). Segundo, porque la sangre que derramó Jesucristo —precio de la Redención— es la sangre tomada de las entrañas de la Virgen. Tercero, porque ofreció voluntariamente a su Hijo Jesús como víctima para la Redención, primero en el Templo y especialmente en el Calvario el Viernes Santo (...). Dice el Concilio Vaticano II: «Así María, hija de Adán, aceptando la palabra divina, fue hecha Madre de Jesús y abrazando la voluntad salvífica de Dios, con generoso corazón y sin el impedimento de pecado alguno, se consagró totalmente a sí misma, cual esclava del Señor, a la*

175 MORO, TOMÁS, SANTO, *Carta de Santo Tomás Moro a su hija Margarita*, en «*Cartas*», Editorial Acantilado, Madrid, 2010.

Persona y a la obra de su Hijo, sirviendo bajo Él y con Él, por la gracia de Dios omnipotente, al misterio de la Redención. Con razón, pues, los Santos Padres consideran a María, no como un mero instrumento pasivo en las manos de Dios, sino como cooperadora a la salvación de los hombres por la libre fe y obediencia. Porque ella, como dice San Ireneo, «obedeciendo fue causa de su salvación propia y de la de todo el género humano»».[176]

La historia del hombre sobre la tierra es la historia de encuentros y desencuentros, de amor y odio.[177] El hombre o bien sigue los requiebros de amor de Dios o las sugestiones perversas de Satanás. Es la eterna lucha. Al final, vence siempre el Amor: *«El azar no existe para Dios y para quien ve los acontecimientos «con los ojos de Dios»: «Lo que es azar a los ojos de los hombres, es designio, plan determinado, en la consideración de Dios».* Los encuentros inesperados y las coincidencias imprevistas que el no creyente imputa al azar, el creyente los atribuye a Dios que desde toda la eternidad los ha insertado en sus planes. Si con la Revelación la palabra «Providencia» se ha convertido en el «nombre de bautismo del azar», la palabra «azar», en un mundo secularizado, se ha convertido en el «apodo de la Providencia»:

> *«No hablemos más de azar ni de fortuna —escribe Bossuet—, o hablemos de ello como de un nombre con el que encubrimos nuestra ignorancia. Lo que es azar ante nuestros conocimientos inciertos es un designio concertado dentro de un consejo más alto, es decir, dentro del consejo eterno que encierra en sí todas las causas y todos los efectos en un mismo orden. De esta suerte, todo concurre a un mismo fin, y es esta incapacidad para conocer y comprender el conjunto lo que nos hace encontrar como producto del azar o de la irregularidad nuestras experiencias particulares»»*.[178]

---

176 SCHWIZER, NICOLÁS, *Reflexiones*, n. 183, agosto de 2016, disponible electrónicamente en Bibliografía.

177 Vid. Salmo 105.

178 HUBER, GEORGES, *El brazo de Dios. Una visión cristiana de la Historia*, Patmos, Rialp, Madrid, 1980, p. 17.

Bien es verdad que hay personas que no quieren dejarse amar incluyendo sus miserias y pecados. Han perdido la esperanza y rechazan ser amadas. Como acompañantes en este campo de batalla están, y no solo, aquellas almas que se ofrecen a Dios como víctimas de amor para la gloria de Dios y la salvación de los pecadores:

> *«(Las mariofanías) presenta(n) un carácter de profecía y se proyecta(n) hacia el futuro que se avecina como campo de lucha entre el bien y el mal, entre Cristo y las fuerzas satánicas, entre el reino de Dios y las maquinaciones perversas (...). María aparece como el intento extremo, empapado de ternura, que Dios lleva a cabo para llamar a la conversión y para convocar a la mesa convivencial del evangelio y de la alegría».*[179]

Dios llama continuamente a las puertas del corazón del hombre. Desde el principio el hombre cerró su corazón, como Pedro en las negaciones. Y, como a Pedro, el Señor volvió a requerir el sí de la criatura (cf. Jn 21,15-19).

El primer «no» en el tiempo, es el de nuestros primeros padres, Adán y Eva. Rechazan a Dios, pierden la amistad con el Señor, pervierten el orden de la naturaleza y son arrojados del Paraíso. La redención va más allá de una mera restauración. La muerte de Jesús en la Cruz produce en la creatura humana un cambio ontológico: pasa de ser mera creatura caída, a ser hijo de Dios y heredero del Cielo. Cada vez que pecamos decimos «no» al amor de Dios, pisoteamos su Sangre, despreciamos su muerte en la Cruz.

La calidad de toda vida se mide por la calidad del amor a Dios que la conforma. El amor a sí mismo hasta el desprecio de Dios es la raíz de la perversión del hombre. Jesús quiso desandar el camino entregando el amor de sí en oblación a Dios Padre cuando dijo: *«Por eso, al entrar en el mundo dice: Sacrificio y ofrenda no quisiste, pero me preparaste un cuerpo [...] Entonces dije: Aquí vengo, como está escrito de mí*

---

179   DE FIORES, STEFANO, *Volutazione e significato…, op. cit.,* p. 57.

al comienzo del libro, para hacer, oh Dios, tu voluntad» (Heb. 10,5.7). Y bebió el cáliz de la obediencia hasta la última gota: Cristo *«se anonadó a sí mismo tomando la forma de siervo, hecho semejante a los hombres; y mostrándose igual que los demás hombres, se humilló a sí mismo haciéndose obediente hasta la muerte y muerte de cruz»* (Flp 2,7-8).

Como réplica al «no» de nuestros primeros padres, encontramos el «sí» de María. «Sí», que es un vaciarse de sí mismo para vivir, solo y en todo, la voluntad del Padre. *«Dijo entonces María: 'He aquí la esclava del Señor; hágase en mí según tu palabra'»* (Lc 1,38).

> *«Desde el sí dado por la fe en la Anunciación y mantenido sin vacilar al pie de la cruz, la maternidad de María se extiende desde entonces a los hermanos y a las hermanas de su Hijo, «que son peregrinos todavía y que están ante los peligros y las miserias» (LG 62). Jesús, el único Mediador, es el Camino de nuestra oración; María, su Madre y nuestra Madre es pura transparencia de Él: María «muestra el Camino» (Odighitria), es su Signo, según la iconografía tradicional de Oriente y Occidente».*[180]

Otro «sí» lo pronuncian, con un total vaciamiento de sí mismos, aquellos a los que Dios elige para clavarlos en la Cruz y así corredimir con Él. Son las personas que se despojan de sí mismas para vivir en plenitud la unión con Jesucristo en la Cruz, asociadas a sus dolores, en reparación de los pecados y para la gloria de Dios y dejándose hacer, moldear por el Señor hasta ser la imagen que el Creador soñó desde toda la eternidad.

Lucia nos deja un testimonio sobrecogedor de su plena y total entrega al querer de Dios:

> *«Sea el que fuere el lugar donde me encuentre, donde Tú quieras que te sirva, en ese lugar seré tuya para siempre; aunque oficialmente mi profesión sea temporal, en el contrato íntimo de nuestra unión, ¡es para siempre! ¡Y sea cual fuere*

---

180 CATECISMO DE LA IGLESIA CATÓLICA, *op. cit.*, n. 2674.

mi camino, de tierra blanda o áspera, pedregosa, que pise, mi compromiso será siempre peregrinar por la vía estrecha que antes pisaste Tú por mí! Y soy feliz de pertenecerte».[181]

Así vivieron los Pastorcitos toda su vida.[182] Supieron dar su «sí» a lo que la Señora más brillante que el Sol les preguntó en la primera aparición, aquel venturoso 13 de mayo de 1917, como ya fue dicho. Un «sí» que Lucia irá descubriendo y comprendiendo conforme transita el camino trazado por Dios: *«Dios no pide mucho ni poco, Dios pide TODO, aun cuando sean unas pobres redes, como a los primeros Apóstoles. Quiere encontrar una adhesión inmediata y sin condiciones a su llamada de amor, sin mirar para atrás ni hacer cálculos y 'a quien le ame mucho, verá que padecerá mucho'».*[183]

La pastorcita —como queda dicho— *«repetía su «sí» a todos los arduos reveses de la vida, con un amor cada vez más grande, renovando su entrega del 13 de mayo de 1917, y constituyó el estribillo constante de la canción de su vida».*[184]

> *«Sí, Dios no me faltará, tampoco con su Cruz, que he de llevar siempre por su Amor, renovando cada día mi Sí […] y confío. 'Mi Corazón Inmaculado será tu refugio y el camino que te conducirá a Dios'. ¡Oh, Jesús! Es por vuestro amor, por la conversión de los pecadores y en reparación por los pecados cometidos contra el Inmaculado Corazón de María!'».*[185]

---

181   CARMELO DE COÍMBRA, *Un Caminho sob…, op. cit.,* p. 74.

182   Cf. BENEDICTO XVI, *Homilía,* 10° Aniversario de la Beatificación de los Pastorcillos de Fátima, Fátima, Portugal, 13 de mayo de 2010: *«Al principio fueron solo tres, pero el ejemplo de sus vidas se ha difundido y multiplicado en numerosos grupos por toda la faz de la tierra, dedicados a la causa de la solidaridad fraterna, en especial al paso de la Virgen Peregrina. Que estos siete años que nos separan del centenario de las Apariciones impulsen el anunciado triunfo del Corazón Inmaculado de María para gloria de la Santísima Trinidad».*

183   LISIEUX, TERESA DE, *Carta 203,* en «Obras Completas», Monte Carmelo, Burgos, 1996.

184   CARMELO DE COÍMBRA, *Un Caminho sob…, op. cit.,* p. 234.

185   *Ibidem,* p. 336.

Otro «Sí» lo pronuncia a su llegada a Tuy.[186] La Madre Provincial le había prometido que allí, en el convento de las Hermanas Doroteas, permanecería. «Era el día 25 de octubre de 1925.[187]

> *«Al día siguiente, una amarga sorpresa, le hizo pensar en desandar el camino; después de Misa, cuando esperaba entrar oficialmente en el Noviciado, que estaba en el piso superior del edificio, la Madre Provincial la llamó a su despacho y le dijo que iría unos meses para Pontevedra y que volvería a tiempo para vestir el Santo Hábito en mayo. Lucia traga en seco. De inmediato le pasó por la cabeza una decisión, que su voluntad le dictaba: 'Sentí un deseo fuerte de volver para Oporto, antes que dirigirme a Pontevedra, pero pensé que era un sacrificio que negaba a Nuestra Señora y, por lo mismo, incliné la frente en silencio y renové mi SÍ del 13 de mayo de 1917' (O Meu Caminho, I, p. 45)».[188]*

Una piedra más en el camino hacia la Cruz. Una nueva exigencia de su decisión de hacer en todo y siempre la voluntad de Dios.

En Pontevedra permaneció desde el 26 de octubre hasta el 20 de julio del año siguiente, es decir, 1926, en que regresa a Tuy para completar los últimos meses de postulantado. Su llegada a Pontevedra, porque no entiende el querer de Dios, pero lo acepta con alegría, supone un nuevo trocito de la Cruz que ha de llevar en unión con «Jesús escondido», abandonada a la Voluntad de Dios:

> *«Moralmente sufría un verdadero martirio, pero procuré siempre que no se notase externamente, principalmente en mis cartas, decía que era feliz, y mi única felicidad consistía en sufrir por Amor de Nuestro Señor, y por mi querida Madre*

---

186   La llegada de Lucia a Pontevedra quedó más ampliamente tratada en el capítulo anterior.

187   CARMELO DE COÍMBRA, *Un Caminho sob…, op. cit.,* p. 158.

188   *Ídem,* p. 161.183.

95

del Cielo, por la conversión de los pecadores, por la Santa Iglesia, por el Santo Padre y (por) los sacerdotes».[189]

Roto el corazón y sin luz en su interior, lo acepta y se queja a Jesús, con llanto sereno de niña pequeña que sabe que el divino Amado está junto a ella y la guía con mano amorosa. Y renueva aquel «Sí» del 13 de mayo de 1917: *«¡Oh, Jesús! ¡Es por vuestro amor, por la conversión de los pecadores y en reparación de los pecados cometidos contra el Inmaculado Corazón de María! Sí, porque desde que Te vi, nunca más dejé de mirar a la Luz de tu rostro, contemplando en un espejo inmenso la película de la Humanidad que pasa frente a Ti».*[190]

Hacer la voluntad de Dios no significa renunciar al uso de la inteligencia, siempre con la decisión plena de aceptar el querer de Dios, aunque no lleguemos a comprenderlo. Decidir a la luz del Sagrario en coloquio de amor a solas con quien sabemos nos ama. Y recibimos luces para seguir el camino:

«Me retiré y fui a la capilla del aula externa, donde el Señor se encontraba más solo. Me arrodillé muy cerquita del sagrario, pidiendo luz al Señor. ¿Será este el camino por donde quieras que vaya, la puerta abierta por donde debo entrar? Si intento arreglar las cosas por medio de los superiores, ¡nunca lo conseguiré! Si el Santo Padre me dijera que sí, nadie se atreverá a decir que no. Si el Santo Padre me dice que no, es porque esa es la Voluntad de Dios, no pensaré más en otra cosa. Si el Santo Padre no me hiciera caso, que será tal vez lo más cierto, intentaré arreglar las cosas por medio de los superiores».[191]

Lucia sabe llevar la Cruz con alegría, incluso con sentido del humor. Hay una cruz que parece pequeña; pero ha de llevarla toda su vida. Y se convierte en queja llena de ternura:

---

189   *Ibidem*, p. 164.

190   *Ibidem*.

191   *Ibidem*, pp. 323-324. Se refiere Lucia a una carta que ha de enviar al Santo Padre cuyo portador es el P. McGlynum y ha de entregarla en mano al Papa, guardando secreto.

«Al mismo tiempo que restaba importancia delante de las Hermanas los sufrimientos que sentía, iba renovando su ofrecimiento con la fórmula que Nuestra Señora le enseñó. Algunas veces se quejaba: '¡Nadie quiere morir joven, pero cuesta mucho ser vieja!' Y cuatro meses antes de su despedida: 'Nuestra Señora dijo que yo quedaba aquí algún tiempo más...¡Ya está siendo mucho!'».[192]

Creo haber aportado razones suficientes para centrar el tema: Jesús asocia su Madre a la redención e invita, del mismo modo, a otras personas a que co-rediman con Él.[193]

Nos ayudan a entender el dolor del Corazón Inmaculado de María, en perfecta unión con el Corazón de Jesús, lo que nos deja escrito San Bernardo, aunque suponga repetir la cita es referida más arriba:

«En verdad, Madre santa, atravesó tu alma una espada. Por lo demás, esta espada no hubiera penetrado en la carne de tu Hijo sin atravesar tu alma. En efecto, después que aquel Jesús —que es de todos, pero que es tuyo de un modo especialísimo— hubo expirado, la cruel espada que abrió su costado, sin perdonarlo aun después de muerto, cuando ya no podía hacerle mal alguno, no llegó a tocar su alma, pero sí atravesó la tuya. Porque el alma de Jesús ya no estaba allí, en cambio la tuya no podía ser arrancada de aquel lugar. Por tanto, la punzada del dolor atravesó tu alma, y por esto, con toda razón, te llamamos más que mártir, ya que tus sentimientos de compasión superaron las sensaciones del dolor corporal. ¿Por ventura no fueron peores que una espada aquellas palabras que atravesaron verdaderamente tu alma y penetraron hasta la separación del alma y del espíritu: Mujer, ahí tienes a tu hijo? ¡Vaya cambio! Se te entrega a Juan en sustitución de Jesús, al siervo en sustitución del Señor, al discípulo en lugar del Maestro, al hijo de Zebedeo en lugar del Hijo de Dios, a un simple hombre en sustitución del Dios verdadero. ¿Cómo no habían de atravesar tu alma, tan sensible, estas palabras,

---

192   *Ibídem*, pp. 445.450.
193   N. del A.: No quiero, en modo alguno, adelantar la posición de la Iglesia Católica sobre María Corredentora.

cuando aún nuestro pecho, duro como la piedra o el hierro, se parte con sólo recordarlas».[194]

Hemos de llevar la Cruz que Jesús pone sobre nuestros hombros, sabiendo que así ayudamos a Jesús: *«Los sufrimientos que padecemos, no son solo para expiar nuestros pecados personales; hemos de ver en ellos el modo de ayudar a Nuestro Señor en orden a salvar a nuestros hermanos, completando 'en mi carne lo que falta a los sufrimientos de Cristo en beneficio de su cuerpo, que es la Iglesia' (Col 1,24)».*[195]

Resumo antes de continuar. Nuestra Señora está preocupada por el destino eterno de sus hijos. Lo son desde el momento que Jesús se los entrega, en la persona del Discípulo Amado al pie de la Cruz antes de morir. Al contrario que Juan, que la recibió en su casa, muchos son los que la desprecian, insultan y reniegan de su maternidad.

Como dirá Lucia, la Señora *«tomando un aspecto más triste (dijo): No ofendan más a Dios Nuestro Señor que ya está muy ofendido».*[196] Hagamos, pues, caso a Nuestra Señora y abandonemos sueños estériles, búsqueda de molinos de viento que solo están presentes en la fantasía más bien enfermiza de buscadores de novedades, como definía San Pablo de los tesalonicenses: *«Pues oímos que hay algunos que andan como ociosos entre vosotros sin hacer nada pero curioseándolo todo»* (2Tes 3,11).

Conozcamos bien lo que la Madre de Dios nos pide, pasémoslo por la oración junto a «Jesús escondido» y saquemos propósitos concretos de vida cristiana y nos ahorraremos calentar la cabeza y perder la paz:

> *«Así es también Cristo eucaristía: un fuerte imán para las almas que lo aman. Es una atracción llena de amor,*

---

194   DE CLARAVAL, BERNARDO, *Sermón en el domingo...*, *op. cit.*, pp. 273-274.

195   COSME DO AMARAL, ALBERTO, *Fátima nos caminhos...*, *op. cit.*, p. 45.

196   CARMELO DE COÍMBRA, *Un Caminho sob...*, *op. cit.*, p. 90.

de cariño, de bondad, de comprensión, de misericordia. Pero también es una atracción llena de respeto, de finura, de sinceridad. No te atrae para explotarte, para abusar de ti, para narcotizarte, embelesarte, dormirte, jugar con tus sentimientos. Te atrae para abrirte su corazón de amigo, de médico, de pastor, de hermano, de maestro. Si fuésemos almas enamoradas, siempre estaríamos en actitud de buscar Sagrarios y quedarnos con ese amigo largos ratos, a solas».[197]

María fue el primer sagrario. Y la primera procesión de la historia la llevó a cabo la Madre de Dios por los caminos de Palestina que la conducían a la casa de su prima Santa Isabel: *«El primer sagrario viviente y modelo de todos los demás, fue María Santísima, que llevó durante nueve meses en su vientre al mismo Jesús en persona y hasta lo llevó por los caminos de Palestina en su viaje de Nazaret hasta Ain-Karim, donde vivía su prima santa Isabel. Algunos llaman a este viaje la primera procesión del Corpus Christi».*[198]

---

197   RIVERO, LUIS, *El tesoro de la Eucaristía: Anticipo del Cielo*, Credo Ediciones, Madrid, 2014, p. 87.

198   PEÑA, ÁNGEL, *Vera Grita y los Sagrarios vivientes*, Ediciones S. Millán, Lima, 2019, p. 4. Vid. PEÑA, ÁNGEL, *María y la Eucaristía*, en «Reflexiones y meditaciones», artículo electrónico referido en Bibliografía.

Capítulo V

Madre de Jesús y Madre nuestra

Las aguas tempestuosas de los años sesenta del siglo XX se han calmado. Siguen bajando un tanto turbias.[199] Lentamente recobran la normalidad, pero queda, me parece, mucho mar de fondo: el Modernismo se resiste a morir.[200]

> *«El proceso de abandono (de la trascendencia) siguió tres pasos bien marcados, a través de una evolución inexorable. La civilización cristiana europea abandonó primero la Iglesia (Guerras de religión), después a Cristo (la revolución industrial y el deísmo) y finalmente a Dios. Paradójicamente, el*

---

199   Cf. NEVES, JOÂO CESAR DAS, *O século de…, op. cit.*, contraportada. Hace el autor un análisis de cómo hemos llegado a la situación actual de negación de Dios y el papel que ha de jugar el mensaje de Fátima: *«Este no es un libro sobre Fátima. Es un libro sobre el siglo XX, el siglo que lleva Fátima en el corazón, el siglo de Fátima. El objetivo es presentar a Fátima, tanto en su historia como en su mensaje, como la llave interpretativa fundamental para la comprensión de la paradoja del siglo XX. En medio de la confusión y de sufrimiento de esta época sorprendente, estuvo presente una línea orientadora, una puerta de salvación, un camino para la felicidad. Esa vía es Fátima».*

200   Cf. *Ibidem*, pp. 36. El libro es importante para conocer la relación entre Fátima y el siglo XX: *«Analizando la segunda mitad del segundo milenio en la sociedad occidental, aparece claramente una línea conductora. Desde las guerras religiosas del siglo XVI a partir de las cuales Europa acometió un enorme proceso que, junto a la modernidad, la Revolución Industrial y el desarrollo moderno, tendría como consecuencia un cambio del mundo. Somos hoy los herederos de un progreso admirable, que aún continúa y condujo a una extraordinaria mejora del bienestar de la humanidad, incluso en aquellas partes del mundo donde aún no se perciben en plenitud».*

orden de abandono fue en sentido contrario de la recepción y adopción. De hecho, la humanidad comenzara por conocer a Dios, después a Cristo y finalmente a la Iglesia».[201]

Dicha doctrina pugna por manifestarse por múltiples recovecos. Mientras avanza el ateísmo,[202] en paridad permanece el «resto de Israel» fiel y cimiento de la renovación de la Iglesia, anunciada en la promesa del triunfo del Inmaculado Corazón de María.

Reflejo de esta situación son las palabras de San Pablo VI:

> *«Dentro de la misma Iglesia, la fe de muchos se encuentra, hoy en día, seriamente perturbada. Nadie duda de que la contemplación amorosa del misterio de María pueda fortificar su fe en Cristo, la cual ha de vivirse en un mundo y en una cultura, en camino de secularización. Por lo que hace referencia a este punto, la intercesión de la Virgen Santísima reviste una significación singular».*[203]

201　Cf. *Ibidem*. pp. 38. Continúa el autor diciendo: *«El último elemento abandonado, en el siglo XX, fue el propio Dios. Por primera vez en la historia de la civilización humana, surgió una civilización con una amplia clase intelectual que se consideraba oficial e formalmente atea. Nunca el mundo había visto cosa igual. De este modo, se construía la sociedad secularizada, que alcanzó su apogeo en el siglo XIX».*

202　Cf. JUAN PABLO II, Exhortación Apostólica *Ecclesia in Europa*, 28 de junio de 2003, n. 9: *«En la raíz de la pérdida de la esperanza está el intento de hacer prevalecer una antropología sin Dios y sin Cristo. Esta forma de pensar ha llevado a considerar al hombre como el centro absoluto de la realidad, haciéndolo ocupar así falsamente el lugar de Dios y olvidando que no es el hombre el que hace a Dios, sino que es Dios quien hace al hombre. El olvido de Dios condujo al abandono del hombre, por lo que no es extraño que en este contexto se haya abierto un amplísimo campo para el libre desarrollo del nihilismo en la filosofía; del relativismo en la gnoseología y en la moral; y del pragmatismo y hasta del hedonismo cínico en la configuración de la existencia diaria. La cultura europea da la impresión de ser una apostasía silenciosa por parte del hombre autosuficiente que vive como si Dios no existiera».*

203　PABLO VI, *Carta a los Directores de Santuarios Marianos*, 1 de mayo de 1971. Cf. COSME DO AMARAL, ALBERTO, *Fátima nos caminhos…, op. cit.*.

La Providencia divina guía los pasos de la humanidad y conduce todo para el bien de los que ama. Dios no pierde la guerra, aun cuando parezca que así es. Es el Señor de la Historia.

En este capítulo, abordo, de un modo más concreto, el papel de Santa María como corredentora,[204] porque nos ama en y desde el Corazón de su Hijo. María es enteramente de Jesús y guarda, dentro de su Corazón de Madre, los mismos sentimientos de su Hijo. Nos ama con el amor con que su Hijo nos ama: *«(…) realmente cada persona, sea quien fuere, vale más que la creación entera. (…) Valemos el amor con que Dios nos creó y nos mantiene en el ser y valemos la misma sangre de su Hijo Jesús, Nuestro Señor y Redentor».*[205]

A Nuestra Madre le duele cada uno de sus hijos,[206] sufre por cada uno, unida a los dolores de Jesús en la cruz, teme por la condenación de los hombres:

> *«Haciéndose el Hijo de Dios verdadero hombre del linaje de Adán, forzadamente había de tener madre de ese*

---

204 N. del A.: Manifiesto mi total y absoluta sumisión a la fe que enseña la Santa Madre Iglesia. Me limito a aportar textos de diversos autores y del Magisterio de la Iglesia. Vivo y quiero vivir en el seno de la misma. Vale la pena recordar las palabras que Jesús dirige a la Venerable María de Jesús de Ágreda sobre la labor de los teólogos —no es mi caso— y cómo así va progresando el conocimiento de la Fe, en DE ÁGREDA, MARÍA JESÚS, *La Mística Ciudad de Dios*, Libro I, cap. 6, n. 77, p. 47, 2ª reimpresión, Homo Legens, Madrid, 1992: *«Y advierte, esposa mía, que yo permito y dispongo que muchas veces los doctores y maestros tengan diversas opiniones, para que unos digan lo verdadero y otros, con lo natural de sus ingenios, digan lo dudoso; y otras permito digan lo que no es, aunque no disuena luego a la verdad oscura de la fe, en la que todos los fieles están firmes; y otras veces dicen lo que es posible, según ellos entienden. Y con esta variedad se va rastreando la verdad y la luz y se manifiestan más los sacramentos escondidos, porque la duda sirve de estímulo al entendimiento para investigar la verdad; y en esto tiene honesta y santa causa las controversias de los maestros».*

205 COSME DO AMARAL, ALBERTO, *Fátima nos caminhos…*, *op. cit.*, p. 50.

206 Cf. DE GRANADA, FRAY LUIS, *Vida de Cristo,* Edibesa, Grandes Firmas, Madrid, 2000, p. 283.

linaje, y con esto, teniendo de nuestra parte al Hijo, tenemos también a la madre, la cual hallaremos por compañera del Hijo no solo en los pasos de su santa niñez, sino también en los dolores de su pasión, pues se halló con Él al pie de la cruz. [...] Y como en el Hijo tenemos un grande y fiel medianero para con el Padre, así en ella tenemos una grande medianera para con el Hijo. Porque ni el Padre negará nada a tal Hijo ni el Hijo a tal madre».[207]

Por voluntad divina, María está íntimamente unida a su Hijo Jesús.[208] Y ha de seguir el mismo camino, el mismo itinerario, la misma suerte que el Salvador. Hemos dicho que el Corazón de Jesús y el Corazón de María laten al unísono, acompasados:

«Santa Margarita María escribió que los Sagrados Corazones de Jesús y de María son de tal modo conformes y unidos que no se puede tener acceso a uno sin entrar en el otro; con la diferencia que el Corazón de Jesús solo tolera las almas sumamente puras, mientras que el de María purifica, mediante las gracias que les obtiene, a las que no lo son, poniéndolas en condiciones de ser recibidas por el Corazón de Jesús».[209]

El 10 de diciembre de 1925, en Pontevedra, se le aparecen el Niño Jesús y santa María:

«El Niño Jesús le dijo: Ten compasión del Corazón de tu Madre Santísima que está cubierto de espinas que los hombres ingratos en todo momento le clavan sin que haya quien haga un acto de reparación para arrancárselas'. En se-

---

207 *Ídem*, p. 285.
208 Cf. ASTETE, GASPAR, *Catecismo de la Doctrina Cristiana*: *«En las entrañas de la Virgen María formó el Espíritu Santo de la purísima sangre de esta Señora un Cuerpo perfectísimo, crió de la nada un Alma y la unió a aquel Cuerpo; y en el mismo instante a este Cuerpo y Alma se unió el Hijo de Dios; y de esta suerte el que antes era sólo Dios, sin dejar de serlo, quedó hecho hombre».*
209 COSME DO AMARAL, ALBERTO, *Fátima nos caminhos...*, *op. cit.*, pp. 126-127.

guida dijo Nuestra Señora: 'Mira hija mía, mi Corazón rodea-
do de espinas que los hombres ingratos en todo momento me
clavan con blasfemias e ingratitudes'. (…) Muy bien lo resu-
me Lucia cuando nos dice que los pecados pasan por el Cora-
zón de su Santísima Madre. Sí, porque por ellos muchos otros
hijos se pierden eternamente. Las palabras de Jesús y las de
María parecen indicar que, así como todas las gracias llegan
desde el Trono de Dios a cada uno por medio del Corazón
Inmaculado de María, del mismo modo la ingente multitud
de los pecados de la Humanidad, antes de herir el Corazón
de Jesús, hieren el Corazón Inmaculado de María».[210]

El Señor sufre por los pecados de los hombres y quiere
asociar a su Madre a este dolor.[211] María no está solo de pie a
los pies de la Cruz, sufre el mismo dolor de su Hijo, corredime:

«*(…) la causa fue porque en todo quisiste que fuesen*
conformes la Madre y el Hijo, y que, pues esta Virgen era la
más perfecta de las perfectas, no dejase de participar de la ma-
yor gloria del Santo de los Santos. Y porque la mayor gloria
de este Señor fue haber padecido tantos dolores por obedien-
cia del Padre, no era razón que faltase parte de esta gloria a
su Santísima Madre, y así como el Hijo siempre tuvo la cruz
delante de sus ojos padeciendo con la memoria de ella, así la
Virgen tuviese ante los suyos esta misma cruz, y padeciese con
esta misma memoria».[212]

---

210   DE SANTIAGO Y GONZÁLEZ, MANUEL, *Sor Lucia en Tuy,*
op. cit., pp. 171-172.

211   COSME DO AMARAL, ALBERTO, *Fátima nos caminhos…,*
op. cit.: «*La identificación de la Madre con el Hijo es tal que participa ple-*
namente del mismo proceso. El amor de Jesús viene a nosotros por medio del
seno purísimo de la siempre Virgen María. Del mismo modo ahora el amor
de Jesús se manifiesta juntamente con el de su Madre Santísima. (…) Las
manifestaciones de la 'medalla milagrosa' de la Inmaculada Concepción en
Rue du Bac, en París son la manifestación de la unión de los dos Corazones de
Jesús y María. En la medalla que la Señora pide que se divulgue, se juntan, de
forma visible, los dos Corazones, de Cristo y de su Madre Santísima, el pri-
mero coronado de espinas, el segundo traspasado por una espada, pero ambos
ardiendo de amor».

212   DE GRANADA, FRAY LUIS, *Vida de Cristo, op. cit.*

A los Pastorcitos, antes de mostrarles el infierno, les enseña una jaculatoria, que revela su preocupación maternal: «*Sacrificaos por los pecadores y decid muchas veces, de modo especial siempre que hagáis algún sacrificio: ¡Oh, Jesús!, es por vuestro amor, por la conversión de los pecadores y en reparación por los pecados cometidos contra el Inmaculado Corazón de María*».[213] La Señora les habla de los pecados cometidos contra su Inmaculado Corazón. Me parece que esto no es de menor importancia o solo referido a los pecados contra la Madre buena. Más bien creo entender que todos los pecados pasan primero por el Corazón de María y solo después llegan al Corazón de Jesús. De un modo que no logro entender —y por lo tanto explicar— la Virgen aparece como escudo entre el hombre y Dios. Y aplaca la justa ira de Dios, como en se ve en la tercera parte del Secreto:

> «*Vimos al lado izquierdo de Nuestra Señora un poco más elevado un Ángel portando una espada de fuego en su mano izquierda; al brillar, despedía llamas que parecía iban a incendiar el mundo; pero quedaban aniquiladas al contacto con el brillo que despedía la mano derecha de Nuestra Señora, que se le oponía. El Ángel, apuntando con su mano derecha hacia la tierra, con voz fuerte dijo: ¡Penitencia, Penitencia, Penitencia!*».[214]

Dos gestos profundamente significativos de esta preocupación maternal quedan reflejados en sendas manifestaciones de la Señora del Mensaje a Sor Lucia, como respuesta a lo que le dijo el día trece de junio de 1917: «¿*Quedo aquí solita? —Pregunté con pena. No, hija. ¿Tú sufres mucho? No te desanimes. Yo nunca te dejaré. Mi Inmaculado Corazón será tu refugio y el camino que te conducirá a Dios*».[215]

---

213   MARÍA LUCIA DE JESÚS Y DEL CORAZÓN INMACULADO, SOR, *Memorias*, IV, *op. cit.*, cap. II, n. 4, p. 176.
214   CARMELO DE COÍMBRA, *Un Caminho sob…*, *op. cit.*, p. 64. N. del A.: En ninguna otra ocasión se menciona en Fátima la palabra «Penitencia». Cuando se lo preguntan a Lucia, ella dice que la Virgen no les habló de penitencia sino de «sacrificio».
215   *Ibidem*, p. 164.

El primero de los gestos aparece el día 15 de junio de 1921. Lucia libra una batalla crucial que le desgarra las entrañas y rompe su corazón de adolescente: repetir su «sí» del trece de mayo o abandonarlo todo y seguir por los caminos que el mundo le ofrece.

Vale la pena leer cómo describe la Vidente este momento. La Madre de Dios le había prometido no abandonarla nunca. Y acude solícita a consolar a la Pastorcita y a darle la luz que necesita:

> «*La Virgen Madre [...] vino a traer la paz a su alma, cumpliendo así la promesa hecha el trece de mayo de 1917, de volver una séptima vez [...]. Una vez más, bajaste a la tierra, y fue entonces cuando sentí tu mano amiga y maternal tocarme en el hombro; levanté la mirada y te vi, eras Tú, la Madre Bendita dándome la mano e indicándome el camino; tus labios se abrieron y el dulce timbre de tu voz devolvió la luz y la paz a mi alma:* Aquí estoy por séptima vez. Ve, sigue el camino por donde el Señor Obispo te indique, esa es la voluntad de Dios.*[216] Repetí entonces mi Sí, ahora mucho más consciente de aquel del día trece de mayo de 1917».*[217]

En Pontevedra, el 10 de diciembre de 1925, acude la Señora del Mensaje, de nuevo, en auxilio de la Pastorcita, sumida «en un mar de angustias»: «*Estaba en mi habitación (...). Nuestra Señora, como queriendo infundirme fortaleza, me pone dulcemente la mano maternal en el hombro derecho, mostrándome al mismo tiempo su Corazón Inmaculado que trae en la otra mano*».[218] Es el segundo de los gestos de una Madre tierna y amorosa que viene en auxilio de su hija que sufre y nadie en este mundo la comprende.

---

216   CARMELO DE COÍMBRA, *Un Caminho sob…, op. cit.,* p. 122. Es importante lo que ella dice sobre los barruntos de su vocación de Carmelita: «*Recordé a mi querida Madre del Carmen y en ese momento recibí la gracia de la vocación religiosa y el atractivo por el Claustro del Carmelo. Tomé por protectora a mi querida Sor Teresita del Niño Jesús*». Y con todo, calla y obedece.
217   *Ibidem,* p. 122.
218   *Ibidem,* p. 168.

Así es la Madre de Dios que el Señor nos ha concedido a cada uno y que sufre por ver a sus hijos por caminos de condenación eterna:

«*Bien veo, Señora, que no basta nada de esto para consolaros, porque no se ha quitado, sino trocado, vuestro dolor. Acabóse un martirio y comienza otro; renuévanse los verdugos de vuestro corazón; y, idos unos, suceden otros con nuevos géneros de tormentos, para que con tales mudanzas se os doble el tormento de su pasión (…) de manera que el fin de su pena (de Jesús) es comienzo de la vuestra*».[219]

Había dicho en Fátima: «*Para impedirlo, vendré a pedir [...] la Comunión reparadora los primeros sábados de mes*».[220] Volveremos sobre esto un poco más adelante.

Retrocedamos en el tiempo. Nos encontramos en los albores de la humanidad, en el Paraíso Terrenal. Adán y Eva, creados amorosamente por Dios, colocados en el Edén, viven felices en intimidad con el Señor que, con la brisa del crepúsculo, baja a conversar de tú a tú con nuestros primeros padres. Todo es paz, sosiego, serenidad, alegría.

Me gusta pensar que esas conversaciones eran requiebros de amor, escucha de las primeras impresiones que surgían en Adán y Eva asombrados por las maravillas que Yahveh les había preparado. Y son enseñados del por qué y del para qué da cada cosa, sin que esto obste al don de la ciencia infusa. No tenían otro Maestro que el Espíritu Santo, dador de todo bien.

Antes de la creación de los ángeles y del mundo, la Señora más brillante que el Sol, estaba ya en la mente de la Santísima Trinidad (cf. Prov 8,22-31). El Verbo de Dios y su Madre bendita aparecen ya íntimamente unidos. María será la tierra fecunda que acogerá al Hijo de Dios para revestirlo de la naturaleza humana:

---

219 DE GRANADA, FRAY LUIS, *Vida de Cristo, op. cit.*, p. 287.
220 MARÍA LUCIA DE JESÚS Y DEL CORAZÓN INMACULADO, SOR, *Memorias*, IV, *op. cit.*, cap. II, n. 4, p. 177.

«(...) dice la Sabiduría de sí misma que en la creación de todas las cosas se halló presente el Altísimo componiéndolas todas (...); esta sabiduría es el Verbo humanado, que con su Madre santísima estaba presente, cuando en su mente divina determinaba Dios la creación de todo el mundo; porque en aquél instante no sólo estaba el Hijo con el eterno Padre y el Espíritu Santo en unidad de naturaleza divina, pero también la humanidad que había de tomar estaba en primer lugar en todo lo criado, prevista e ideada en la mente del Padre y con la humanidad de su Madre santísima que la había de administrar de sus purísimas entrañas».[221]

El Enemigo, el envidioso y mentiroso desde el principio, no descansa. Utiliza la inteligencia brillantísima que posee como ángel que es, para maquinar la destrucción de Adán y Eva.[222] Su «corazón» escudriña las entretelas de su ser, intentando descubrir cómo vengarse del Creador que lo castigó por querer ser más que Dios al grito que desgarró la paz del Cielo: *«¿Quién como Dios?»*[223]

Ese fue el comienzo de la guerra desencadenada por Satanás contra Dios, guerra que durará hasta la victoria final de Dios. Entonces el Señor, aniquilará todo principado, toda potestad y poder. Pues es necesario que Él reine, hasta que ponga a todos los enemigos bajo sus pies (1Cor 15,24-25) y Dios sea todo en todos:

---

221 DE ÁGREDA, MARÍA JESÚS, *Mística Ciudad de...*, *op. cit.*, p. 71.

222 Cf. *Ibidem*, p. 61; cf. *Ibidem*, 1ª parte, c. II, n. 13, p. 61: *«[...] ocupó Lucifer toda su sabiduría y malicia diabólica en conferir y arbitrar cómo más ofenderían a Dios y se vengarían del castigo que les había dado; y la conclusión que en suma resolvieron fue que la mayor venganza y agravio contra Dios, sería impedir los efectos de aquel amor, engañando, persuadiendo y, en cuanto le fuese posible, compeliendo a los mismos hombres, para que perdiesen la amistad y gracia de Dios y le fuesen ingratos y a su voluntad, rebeldes».*

223 *Ibidem*, p. 67: *«Arrojó del cielo el Santo Príncipe Miguel a Lucifer, convertido en dragón, con aquella invencible palabra: ¿Quién como Dios? Que fue tan eficaz, que pudo derribar aquel soberbio gigante y todos sus ejércitos y lanzarle con formidable ignominia en lo interior de la tierra, comenzando a tener nuevos nombres de dragón, serpiente, diablo y Satanás, los cuales le puso en santo Arcángel en la batalla, y todos testifican su iniquidad y malicia».*

«Con estas armas peleaban San Miguel y sus ángeles y combatían como con fuertes rayos al dragón y a los suyos, que también peleaban con blasfemias; pero a la vista del santo Príncipe, y no pudiendo resistir, se deshacía en furor y por su tormento quisiera huir, pero la voluntad divina ordenó que no sólo fuese castigado, sino también fuese vencido, y a su pesar conociese la verdad y poder de Dios».[224]

Nadie puede estar ausente de esta batalla. Cada uno ha de elegir a qué bando quiere pertenecer. Jesús lo dejó claro: *«o conmigo o contra mí»* (cf. Mt 12,30). O edificamos con Jesús o destruimos, nos destruimos:

«Los hombres de nuestro tiempo, gozando del don de la fe, son contrarios a toda lucha, porque muchas veces, por no decir casi siempre, salen derrotados de esta batalla. Aun así, prefieren confiar en la Iglesia, que da la vida y la santidad, que defiende los derechos naturales de los hombres, que anima y forma a las almas, para que sostengan y defiendan el orden natural, moral y social, y sobre todo sobrenatural en el mundo».[225]

La Iglesia, fundada por Jesucristo, sigue siendo faro de luz que rasga las tinieblas de este mundo, emanadas del Averno para confundir a los hombres, y aparece como seguro refugio.[226]

Desde antes de la creación, después de la caída de los Ángeles por su rebelión contra el Altísimo, Satanás decreta la destrucción de Santa María y le declara la guerra:

«(...) Y a esta mujer, Madre del Verbo, la derribaré del estado que la prometes poner y a mis manos perecerá tu intento. Este soberbio desvanecimiento enojó tanto al Señor,

---

224 *Ibidem*, p. 60.

225 PÍO XII, *Discurso a la Acción Católica Italiana*, 8 de diciembre de 1953; DE MATTEI, ROBERTO, *El Concilio Vaticano II: Una historia nunca escrita*, Homo Legens, Madrid, 2018, p. 261.

226 Vid. ORDOVÁS, JAVIER, *La Iglesia fundada por Jesucristo: 20 siglos de experiencia*. Artículo electrónico, disponible en Bibliografía.

que humillando a Lucifer le dijo: Esta Mujer, a quien no has querido respetar, te quebrantará la cabeza y por ella serás vencido y aniquilado. Y si por tu soberbia entrare la muerte en el mundo, por la humildad de esta mujer entrará la vida y la salud de los mortales».[227]

En Fátima, los Pastorcitos hablan de *«la Señora más brillante que el Sol»*. La Venerable Sor María de Jesús de Ágreda, comentando lo que, por revelación, recibió para explicar el Apocalipsis nos dice:

« Y como todo esto fue de gran alegría y gozo para los buenos ángeles, fue también de grande tormento para los malos y como principio y parte de su castigo, que luego conocieron, de lo que no se habían aprovechado, y que aquella mujer los había de vencer y quebrantar la cabeza. (…) El sol, de que dice estaba cubierta la mujer, es el Sol verdadero de justicia; para que los ángeles entendiesen la voluntad eficaz del Altísimo, que siempre quería y determinaba asistir por gracia a esta mujer, hacerla sombra y defenderla con su invencible brazo y protección. (…) Y como vencidas todas las culpas y fuerzas del pecado original y actual, se las pone el Señor en los pies en presencia de todos los ángeles, para que los buenos la conozcan y los malos (…) teman a esta Mujer, aun antes que tenga ser».[228]

La soberbia ciega al habitante de los infiernos, que declara la guerra incluso al mismo Hijo de Dios, pensando que pude vencerlo:

«Al Verbo humanado haré sangrienta guerra, aunque sea Dios, pues también será hombre de naturaleza inferior a la mía. Levantaré mi trono y dignidad sobre la suya, le venceré y le derribaré con mi potencia y astucia; y la mujer que ha de ser su madre perecerá en mis manos; ¿qué es para mí potencia y grandeza una sola mujer? Y vosotros, demonios, que conmigo estáis agraviados, seguidme y obedecedme con esta venganza,

227 DE ÁGREDA, MARÍA JESÚS, *Mística Ciudad de…*, *op. cit.*, p. 53.
228 *Ibidem*, p. 61.

como lo habéis hecho en la inobediencia. Fingid que amáis a los hombres para perderlos; los serviréis para destruirlos y engañarlos; los asistiréis, para pervertirlos y traerlos a los infiernos. —No hay lengua humana que pueda explicar la malicia y el furor de este primer conciliábulo que hizo Lucifer en el infierno contra el linaje humano, que aún no era, sino porque había de ser».[229]

Esta guerra durará hasta el último minuto de la existencia de este mundo, con la certeza de que la victoria final será para el bien: *«La victoria del mal solo establece el escenario para el triunfo del bien. Segura de esto, te deseo esperanza, confianza y valentía».*[230]

En ella tiene un especial lugar la Madre de Dios y Madre nuestra: *«El Señor Dios dijo a la serpiente: Por haber hecho eso, maldita seas entre todos los animales y todas las bestias del campo. Te arrastrarás sobre el vientre, y comerás polvo todos los días de tu vida. Pondré enemistad entre ti y la mujer, entre tu linaje y el suyo; él te herirá en la cabeza, mientras tú le herirás en el talón»* (Gen 3,14-15).

«El castigo que Dios impone a la serpiente incluye el enfrentamiento permanente entre la mujer y el diablo, entre la humanidad y el mal, con la promesa de la victoria por parte del hombre. Por eso se ha llamado a este pasaje «Protoevangelio», porque es el primer anuncio del Redentor, nacido de una mujer. La Iglesia siempre ha entendido estos versículos en sentido mesiánico, referidos a Jesucristo; y ha visto en la mujer, madre del Salvador prometido, a la Virgen María como nueva Eva».[231]

El pecado de orgullo llevó a Satanás y sus ángeles a rebelarse contra Dios y determinar no obedecerle. Cierro este pe-

---

229 *Ibidem*, pp. 67-68.
230 KUBY, GABRIELE, *La revolución sexual global. La destrucción de la libertad en nombre de la libertad*, 3ª edición, Didaskalos, Madrid, 2017. p. 487.
231 BIBLIA DE NAVARRA, *op. cit.*, nota a Gen 3, 14.

queño paréntesis y retomo las palabras de la Mujer vestida de Blanco que derrotará al dragón, porque es la que le aplastará la cabeza: «*Para impedirlo, vendré a pedir (…) la Comunión reparadora los primeros sábados de mes*», como queda dicho más arriba. Reparación que Santa María ofrece en íntima unión con el único y verdadero reparador en la Cruz, su Hijo Jesús:

> «*Ofrece al Hijo, Virgen santa y presenta al Señor el fruto bendito de tus entrañas. Ofrece la víctima santa, agradable a Dios para nuestra reconciliación. Dios Padre acogerá de buen grado esta nueva ofrenda y víctima preciosísima de la que el mismo dice: Éste es mi Hijo muy amado en quién tengo todas mis complacencias (Mt 17,5) […]. Día vendrá en que no se ofrecerá en el templo ni estará en brazos de Simeón sino fuera de la ciudad, en brazos de la cruz. Llegará un día en que nadie le rescatará, al contrario, será él quien rescate a otros con su misma sangre, porque Dios Padre le envío para redimir a su pueblo*».[232]

Entrar en el Corazón Inmaculado de María, a través de su dolor de Madre amantísima,[233] es entrar en el santuario del Corazón de Jesús en el momento en el que el soldado desgarra el pecho del Salvador y deja abierta la llaga para que podamos entrar, dejarnos empapar por su Sangre Preciosísima y unir nuestro dolor al dolor de Santa María:

> «*Cerrad, Señora mía, cerrad los ojos y no miréis aquella lanza que va enristada por el aire, adónde va a parar.*

---

232 DE CLARAVAL, BERNARDO, Homilía, Sermón para la Presentación, n. 2, en «De los Sermones de san Bernardo, abad. *Opera omnia*», edición cisterciense, 5, BAC, Madrid, 1968.

233 Cf. DE GRANADA, FRAY LUIS, *Vida de Cristo, op. cit.*, p. 285: «*Y como se despierta nuestra devoción y compasión mirando a la madre, que como persona conjunta se alegra con Él y padece con Él, pues el amor todas las cosas hace comunes, y así estuvo ella con el Hijo crucificado, crucificada, y con Él sepultado, sepultada, y también con Él resucitado, resucitada. La cual, con ser madre de Dios, es también madre de misericordia y abogada de los pecadores, a los cuales ama, porque ve cuánto su Hijo los amó y por cuán caro precio los compró*».

Cumplido es ya vuestro deseo; escudo sois hecha de vuestro Hijo, pues aquel golpe a vos hiere y no a Él. Deseabais los clavos y las espinas. Eso era para su cuerpo; la lanzada se guardaba para vos. [...] ¿Por qué no os contentáis con las heridas del Hijo sino también queréis herir a la Madre? A ella herís con esa lanza, a ella tira ese golpe, a sus entrañas amenaza la punta de ese hierro cruel. [...] Estremecióse la cruz en el aire con la fuerza del golpe y salió de allí agua y sangre con que se lavan los pecados del mundo».[234]

Y cada uno de nosotros, unidos al dolor de nuestra Madre abrazamos la devoción pedida en Fátima y reiterada en Pontevedra, y la difundimos porque queremos paliar, en la medida de nuestras fuerzas, siempre pequeñas, el dolor de Santa María:

«Contemplándola como la «mujer eucarística», ella nos acompaña al encuentro con su Hijo, que permanece con nosotros todos los días hasta el fin del mundo (Mt 28,20), especialmente en el Santísimo Sacramento. La Inmaculada refleja la misericordia del Padre. Concebida sin pecado, fue capaz de perdonar también a quienes abandonaban y herían a su Hijo al pie de la cruz. Como Abogada nos ayuda en nuestras necesidades e intercede por nosotros ante su Hijo diciéndole, como en Caná de Galilea, «no tienen vino» (Jn 2,3), confiando en que su bondadoso corazón no defraudará en un momento de dificultad. Al indicar claramente: «haced todo lo que Él os diga» (Jn 2,5), nos invita a acercarnos a Cristo y, en esa cercanía, experimentar, gustar y ver «qué bueno es el Señor». De esta experiencia nace en el corazón humano una mayor clarividencia para apreciar lo bueno, lo bello, lo verdadero».[235]

Desde Lisboa, donde está internada a causa de la enfermedad que le abrirá las puertas del cielo, Jacinta escribe a Lucia haciéndole llegar lo que Nuestra Señora le comunicó:

234   DE GRANADA, FRAY LUIS, *Vida de Cristo, op. cit.*, p. 288.
235   BENEDICTO XVI, *Carta a la Conferencia Episcopal Española con motivo de la peregrinación nacional al Santuario de Nuestra Señora del Pilar de Zaragoza*, 19 de mayo de 2005.

«*Me falta poco para ir al cielo. Tú quedas en la tierra para decir que Dios quiere establecer en el mundo la devoción al Inmaculado Corazón de María. Cuando vayas a decir esto, no te escondas. Di a todo el mundo que Dios nos concede las gracias por medio del Corazón Inmaculado de María, que le pidan las gracias a Ella, que el Corazón de Jesús quiere que, a su lado, se venere el Corazón Inmaculado de María, que Dios le entregó la paz a Ella. Si pudiese incendiar el corazón de todos con el fuego que tengo dentro quemando mi corazón y haciendo que ame tanto los Corazones de Jesús y de María*».[236]

Llegará un día en que la Iglesia celebrará una única festividad:[237] la Festividad de los Sagrados Corazón de Jesús y de María. Podría ser, en un mismo acto, con la definición del Dogma de María Corredentora.

«*A finales del siglo XVII, en que buena parte de la humanidad emprendía el camino para abandonar a Cristo, el mismo Jesús se manifestó a Santa Margarita María (...). Las apariciones del Sagrado Corazón de Jesús al comienzo de la modernidad (1673-1675) son tal vez las más dramáticas e influentes de la historia. Jesús viene a la tierra para mostrar su Corazón, un corazón que arde de amor por los hombres y que el pecado hediondo de la humanidad coronó de espinas. El Sagrado Corazón de Jesús es la manifestación explícita del dolor de Dios. Pero, ya en la primera aparición del Corazón de Dios, estaba presente el Corazón de su madre*».[238]

---

236   LEITE, FERNANDO, *Jacinta de Fátima, op. cit.*, pp. 239-240.

237   Cf. NEVES, JOÂO CESAR DAS, *O século de..., op. cit.*, p. 129: «*Esta unidad entre los Corazones de Jesús y de María que patente de igual modo en el propio diseño del Santuario de Fátima. En el mismo centro del recinto (en el lugar donde hoy se encuentra la fuente con cuatro bocas, porque el 9 de noviembre de 1921, en aquel valle seco brotó sorprendentemente agua que muchos consideran milagrosa, se alza una estatua del Sagrado Corazón de Jesús que acoge a los peregrinos. La estatua de bronce dorado, de autor desconocido y ofrecida por un peregrino, fue bendecido por el nuncio apostólico, Mons. Beda Cardinale, el 13 de mayo de 1932*».

238   *Ibidem.*

Creo que ya asoman las luces de una nueva aurora, la llegada del triunfo del Corazón Inmaculado de María. Aunque todavía haya que pasar por la Cruz:

> «*Habló (D. Antonio García y García obispo de Valladolid)*[239] *con gran interés de la devoción al Inmaculado Corazón de María. Dijo que siempre estuvo persuadido de que el reinado del Corazón de Jesús no vendría sin ser precedido por (del) Corazón Inmaculado de María, pues por Ella nos viene todo*».[240]

El Catecismo de la Iglesia Católica contiene unas palabras proféticas quizá un tanto olvidadas. Proféticas cuando fueron escritas. Muy actuales y refrendadas por el Cielo en las apariciones de la Madre de Dios en múltiples ocasiones:

> «*Antes del advenimiento de Cristo, la Iglesia deberá pasar por una prueba final que sacudirá la fe de numerosos creyentes (cf. Lc 18,8; Mt 24,12). La persecución que acompaña a su peregrinación sobre la tierra (cf. Lc 21,12; Jn 15,19-20) desvelará el «misterio de iniquidad» bajo la forma de una impostura religiosa que proporcionará a los hombres una solución aparente a sus problemas mediante el precio de la apostasía de la verdad. La impostura religiosa suprema es la del Anticristo, es decir, la de un seudo-mesianismo en que el hombre se glorifica a sí mismo colocándose en el lugar de Dios y de su Mesías venido en la carne (cf. 2Tes 2,4-12; 1Tes 5,2-3; 2Jn 7; 1Jn 2,18))*».[241]

No son palabras amenazadoras. Son requiebros de la Madre de Jesús que no quiere perdernos. Sabe que su Hijo ha pagado, para rescatarnos, toda su Sangre derramada en la Cruz (cf. Ef 1,7).

> «*La Cruz es el único sacrificio de Cristo único mediador entre Dios y los hombres (1Tm 2,5). Pero, porque en*

---

239 «Obispo» en el original (N. del A.).
240 LEITE, FERNANDO, *Jacinta de Fátima, op. cit.*, p. 244.
241 CATECISMO DE LA IGLESIA CATÓLICA, *op cit.*, n. 675

su Persona divina encarnada, «se ha unido en cierto modo con todo hombre». Él «ofrece a todos la posibilidad de que, en la forma de Dios solo conocida (...) se asocien a este misterio pascual». Él llama a sus discípulos a «tomar su cruz y a seguirle» (Mt 16,24) porque «Él sufrió por nosotros dejándonos ejemplo para que sigamos sus huellas» (1P 2,21). Él quiere, en efecto, asociar a su sacrificio redentor a aquellos mismos que son sus primeros beneficiarios (cf. Mc 10,39; Jn 21,18-19; Col 1,24). Eso lo realiza en forma excelsa en su Madre, asociada más íntimamente que nadie al misterio de su sufrimiento redentor (cf. Lc 2,35): «Esta es la única verdadera escala del paraíso, fuera de la Cruz no hay otra por donde subir al cielo»».[242]

A Jesús se viene y se va siempre a través del Corazón Inmaculado de María.

La sangre como precio de redención aparece con frecuencia a través de la lectura de la Sagrada Escritura. La sangre como sacrificio de holocausto y de comunión para la remisión de los pecados. Y la Sangre de Jesús derramada es punto de referencia:

> *«La redención a precio de sangre es una doctrina bíblica que se refiere al acto de comprar la libertad de una persona mediante el pago de un precio en sangre. Según la Biblia, esta redención es posible gracias al sacrificio de Jesucristo en la cruz. Él entregó su vida como pago por los pecados de la humanidad. En Efesios 1,7 se nos dice que en él [Cristo] tenemos la redención por su sangre, el perdón de los pecados, según las riquezas de su gracia. La sangre de Jesús supera cualquier riqueza material y tiene el poder de redimirnos y reconciliarnos con Dios. Su sacrificio ofrece el perdón de nuestros pecados, la liberación de la esclavitud del pecado y la promesa de vida eterna. Además, 1P 1,18-19 afirma que fuimos rescatados no con cosas corruptibles, como oro o plata, sino con la sangre preciosa de Cristo, como de un cordero sin mancha y sin contaminación». En resumen, la redención a pre-*

---

242   *Ibidem*, n. 618

cio de sangre es un acto divino de amor que restaura nuestra relación con Dios y nos ofrece esperanza eterna».[243]

Estamos ciertos del Triunfo del Corazón Inmaculado de María,[244] en la tercera aparición:

> *«Si atienden mis deseos, Rusia se convertirá y habrá paz; si no, esparcirá sus errores por el mundo, promoviendo guerras y persecuciones a la Iglesia: los buenos serán martirizados; el Santo Padre tendrá que sufrir mucho; varias naciones serán aniquiladas. Al final, Mi Inmaculado Corazón Triunfará. El Santo Padre me consagrará a Rusia, que se convertirá, y será concedido al mundo algún tiempo de paz. En Portugal el dogma de la fe se conservará siempre».*[245]

Y su palabra es verdad, ni quiere ni puede engañarnos. Espera de nosotros cooperación obediente.[246]

Hemos de procurar, por amor a la Madre, conocer bien las apariciones de la Madre de Dios y poner en práctica todo lo que Ella nos pide. Y no siempre se ha hecho así. La Madre se queja amargamente y espera que la consolemos:

> *«Sí, hija, el oasis es la Devoción al Inmaculado Corazón de María. Todos los que estéis acogidos a mi Corazón, lograréis libraros (…) No os quiero decir que no paséis apuros, sino que ninguno de ellos os hará sucumbir. Porque Yo os libraré. Por eso, es buen negocio este de acogerse a mi Corazón. Es lo que estáis esperando para esta Hora».*[247]

---

243   ALFONSO FERREIRA, CRISTIAN ANDRÉS, *El mensaje de Fátima: Al final, mi Corazón Inmaculado triunfará,* 13 de mayo de 2019, artículo electrónico disponible en Bibliografía.

244   Cf. SOLDO, MIRJANA, *Mi Corazón triunfará,* Libros Libres, Madrid, 2016.

245   SOUSA SILVA, Manuel Fernando, *Los Pastorcitos de…, op. cit.,* p. 195.

246   ALFONSO FERREIRA, CRISTIAN ANDRÉS, *El mensaje de…, op. cit.*

247   DE LLANO SAN CLAUDIO, MARGARITA. *El Triunfo de la Inmaculada,* 3ª edición, Editorial De Llano San Claudio, Madrid, 2021, pp. 8-10.

Epílogo

A modo de resumen...

«Una exigencia de no menor importancia, en estos tiempos críticos y nada fáciles, me impulsa a descubrir una vez más en el mismo Cristo el rostro del Padre, que es «misericordioso y Dios de todo consuelo». Efectivamente, en la Constitución Pastoral Gaudium et Spes *leemos: Cristo, el nuevo Adán..., manifiesta plenamente el hombre al propio hombre y le descubre la sublimidad de su vocación: y esto lo hace en la misma revelación del misterio del Padre y de su amor. Las palabras citadas son un claro testimonio de que la manifestación del hombre en la plena dignidad de su naturaleza no puede tener lugar sin la referencia —no solo conceptual, sino también íntegramente existencial— a Dios. El hombre y su vocación suprema se desvelan en Cristo mediante la revelación del misterio del Padre y de su amor».*[248]

Jaime Mayor Oreja afirmaba que *«Europa como entidad cultural y política emerge en la Baja Edad Media a raíz de las crisis de la cristiandad occidental».* Efectivamente, fue el siglo XIV el que marcó el comienzo de una revolución mental que terminó con el llamado «régimen de cristiandad» propio de los siglos medievales que acabamos de describir,[249] y dio paso a la Modernidad.

---

248 JUAN PABLO II, Carta Encíclica *Dives in misericordia*, 30 de noviembre de 1980, n. 1.

249 Cf. GAZAPO ANDRADE, BIENVENIDO, y CAMBÓN CRESPO, ELIA. *Europa, identidad y misión. Aportación de Juan Pablo II a la construcción de Europa,* Grandes Firmas Edibesa, n. 97, Madrid, 2004, pp. 74-75.

Este caminar hacia el abismo de un mundo sin Dios y sin relación con la eternidad lo resume con palabras claras y concretas el Cardenal Sarah:

> *«En la raíz de esta actitud se halla una teología de inspiración protestante que pretende oponer la fe a la religiosidad. La actitud sagrada, el temor religioso serían elementos profanos y paganos de los que despojar a la fe cristiana. Se querría hacer del cristianismo un contacto con Dios exclusivamente interior, sin una traducción concreta en la vida. El cristianismo se convierte en una gnosis. (...) Esta gnosis se transforma en «pelagianismo» y un ateísmo práctico».*[250]

Quien se detiene a pensar y ver con los ojos de Dios lo que pasa en el mundo de hoy comprueba que la batalla —que pretende arrojar a Dios de la sociedad— es obra de Satanás. Se libra con armas al parecer desiguales y alguien podría llegar a la conclusión de que la guerra está perdida. Y lo está de tejas abajo, si miramos con nuestros ojos y contamos solo con nuestras fuerzas:

> *«(...) ningún esfuerzo humano, por inteligente o desinteresado que sea, es capaz de transformar un alma y de darle la vida de Cristo. Solo la gracia y la cruz de Jesús pueden salvar y santificar a las almas y hacer crecer a la Iglesia. Multiplicar los esfuerzos humanos, creer que los métodos y las estrategias poseen eficacia por sí mismos, supondrá siempre una pérdida de tiempo».*[251]

Hemos de remontar el vuelo, como las águilas, rumbo a Quien es nuestra fortaleza y garantía de victoria, Jesucristo: *«Os he dicho esto para que tengáis paz en mí. En el mundo tendréis sufrimientos, pero confiad: yo he vencido al mundo»* (Jn 16,33).

---

250 SARAH, ROBERT, *Se hace tarde y anochece,* Palabra, Madrid, 2019, p. 43.
251 SARAH, ROBERT, *Se hace tarde...,* op. cit., p. 31.

El Papa Pío XII, en su primera encíclica,[252] advertía sobre los duros y amargos sufrimientos que padece la humanidad:

> «(…) el nefasto esfuerzo con que no pocos pretenden arrojar a Cristo de su reino, niegan la ley de la verdad por Él revelada y rechazan el precepto de aquella caridad que abriga y corrobora su imperio como con un vivificante y divino soplo, es la raíz de los males que precipitan a nuestra época por un camino resbaladizo hacia la indigencia espiritual y la carencia de virtudes en las almas. Por lo cual, la reverencia a la realeza de Cristo, el reconocimiento de los derechos de su regia potestad y el procurar la vuelta de los particulares y de toda la sociedad humana a la ley de su verdad y de su amor, son los únicos medios que pueden hacer volver a los hombres al camino de la salvación».[253]

Comprobamos lo contrario: casi por unanimidad, las naciones emanan leyes contrarias a Dios y que directamente lesionan el derecho natural y son opuestas al plan del Creador. Más triste aún: nos dicen que dichas leyes ponen de manifiesto el progreso de la humanidad para liberarse de las tinieblas de la religión:

> «En el fondo del ateísmo nietzscheano late siempre una oposición tajante entre Dios y el hombre. Dios aparece como rival del hombre y la fe en Él como una fuga cobarde ante la trágica grandeza del vivir humano. La religión y especialmente el cristianismo son considerados por Nietzsche como enemigos de la vida».[254]

El Pontífice añadía:

> «La hora ha sonado para combatir en la batalla más extensa, más amarga y más feroz que el mundo haya presen-

---

252 PÍO XII, Carta Encíclica *Summi Pontificatus*, 20 de octubre de 1939.

253 *Ibidem,* n. 15

254 *Diccionario de Teología*, voz «increencia», dirigido por CÉSAR IZQUIERDO, Eunsa. Pamplona, 2006. p. 496.

ciado jamás,[255] *y habrá que luchar hasta el fin: «consumida por la tristeza de tantos hijos suyos que sufren males innumerables, pero sostenida por la firme fortaleza que proviene de las promesas divinas, la esposa de Cristo, en medio de sus sufrimientos, avanza al encuentro de amenazadoras tempestades. Sabe la Iglesia que la verdad que ella anuncia y el amor que ella enseña y pone en práctica serán los mejores estímulos y los mejores medios que tendrán a su alcance los hombres de buena voluntad en la reconstrucción de un nuevo orden nacional e internacional establecido según la justicia y el amor, una vez que la humanidad, cansada del camino del error, haya saboreado hasta la saciedad los amargos frutos del odio y de la violencia».*[256] *Como el hijo pródigo, el hombre, en su camino de degradación, intentará comer el alimento de los cerdos y no podrá. Será entonces cuando recapacite, se levante y regrese a la casa paterna para ser recibido por el Padre con los brazos abiertos y el corazón en fiesta».*[257]

Años después, el entonces Cardenal Karol Wojtyla afirmó esto mismo, aunque con palabras más recias:

«Ahora estamos parados frente a la mayor confrontación histórica que la humanidad ha experimentado alguna vez. […] Ahora nos enfrentamos a la confrontación final entre la Iglesia y la anti-iglesia, entre el Evangelio y el anti-evangelio, entre Cristo y el Anticristo. El enfrentamiento se encuentra dentro de los planes de la Divina Providencia. Está, por lo tanto, en el plan de Dios, y debe ser un juicio que la Iglesia debe asumir y afrontar con valentía. Tenemos que estar preparados para someternos a grandes pruebas en un futuro no muy lejano. Pruebas que nos obligarán a estar dispuestos a renunciar incluso a nuestras vidas. Y una entrega total de sí mismos a Cristo y para Cristo. A través de sus oraciones y la mía, es posible aliviar esta aflicción, pero ya no

---

255 MAZUELO-LEYTÓN, GERMÁN, *Fátima y las bestias apocalípticas*, del 23 de enero de 2017, artículo electrónico disponible en Bibliografía.

256 PÍO XII, *Summi Pontificatus, op. cit.*, n. 75.

257 *Ibidem.*

es posible evitar que suceda. ¡Cuántas veces la renovación de la Iglesia ha sido a través de la sangre! No va a ser diferente esta vez».[258]

Recordemos unas palabras de Mons. Antonio Romeo en 1960,[259] que, siendo tiempos preparatorios del Vaticano II, fue tachado de visionario y que el paso de los años demuestra que conocía muy bien el *mysterium iniquitatis* y su labor silenciosa a la vez que tremendamente corrosiva:

> «*(…) toda una incesante labor de termitas que se agitan en la sombra, en Roma y en todas las partes del mundo, nos lleva a intuir la presencia activa de un plan completo de engaño y desmoronamiento de las doctrinas con las que se forma y de las que se alimenta la fe católica. Indicios cada vez más numerosos, provenientes de varios lugares, atestiguan el gradual desarrollo de una amplia y progresiva maniobra, dirigida por habilísimos jefes, aparentemente muy piadosos, cuyo objetivo es eliminar el cristianismo que fue enseñado y vivido durante diecinueve siglos, para sustituirlo por un cristianismo «de los nuevos tiempos». (…) El cristianismo «adaptado a los nuevos tiempos» estará basado en la divinidad cósmica y en los derechos del hombre; tendrá como dogmas de su Credo el monismo evolucionista con progreso indefinido, la libertad humana sin límites y la igualdad universal, con variaciones de fe científica, teosófica y ocultista según los ambientes. Tendrá como moral obligatoria la adaptación, es decir, el conformismo, con la prohibición de toda frustración y el deber de satisfacer todos los instintos y todos los impulsos».*[260]

---

258   WOJTYLA, KAROL, *Discurso durante el Congreso Eucarístico de 1976 en Filadelfia (Pensilvania), con motivo de la celebración del Bicentenario de la firma de la Declaración de la Independencia de EE. UU.*, Filadelfia, 1976, Artículo electrónico disponible en Bibliografía.

259   N. del A.: Mons. ANTONIO ROMEO (1902-1979), ordenado sacerdote en 1924, vivió en Roma entre 1938 y 1972, en donde fue colaborador de la Sagrada Congregación para los Seminarios y las Universidades.

260   Vid. DE MATTEI, ROBERTO, *El Concilio Vaticano II...*, *op. cit.*, pp. 138-139.

Líneas más abajo quedará refrendada la infiltración del marxismo en la Iglesia, de manos de la **KGB**, a través de Rumanía, durante la década de los 60. Y dicha infiltración abarcará amplios sectores de la Iglesia.[261]

En el ámbito de la enseñanza teológica, desde décadas atrás asistimos, pues, a un resurgimiento del Modernismo aparentemente enterrado por San Pío X y cuyos efectos quedan manifiestos:

> *«Estamos en pleno Modernismo. No se trata del Modernismo ingenuo, declarado, agresivo y combativo de los tiempos de San Pío X, no. El Modernismo de hoy es más sutil, más camuflado, más penetrante y más hipócrita. No pretende provocar otra tempestad, pretende que toda la Iglesia se vuelva modernista sin que se note (...). El nuevo Modernismo también admite la tradición, pero como consecuencia de la Escritura, originada por la Escritura y por el Magisterio, que en su origen tuvo por objeto tan solo la Escritura. Cristo se salva en el Modernismo, pero no es el Cristo histórico, es un Cristo elaborado por la conciencia religiosa, para que una figura humana, bien delineada y concreta, sirviese de soporte a las experiencias religiosas que no podían expresarse en su riqueza e intensidad por medio de puros conceptos tradicionales y abstractos. (...) Así también el Modernismo de nuestros días salva a todo el cristianismo, sus dogmas y su organización, pero lo vacía por completo y lo invierte. Ya no se trata de una religión que viene de Dios, sino de una religión que viene directamente del hombre e indirectamente de lo divino que hay en el hombre».*[262]

Comunismo, liberalismo, principios de la Revolución Francesa, *EL HOMBRE ILUSTRADO*.... Todo esto conformando un cóctel que embriaga al ser humano y lo pervierte, haciendo que viva desarraigado y a merced del viento imperante:

---

261 CACIGAS OCEJO, YOLANDA. *La revista «Vida Nueva», 1967-1976,* Tesis doctoral, Gonzalo Redondo Gálvez (dir. tes.), presentada en la Universidad de Navarra, Pamplona, 2004.

262 BORROMEO CRESSINI, LUIGI CARLO, *Diario,* 3 de diciembre de 1962. Vid. DE Mattei, ROBERTO, *El Concilio Vaticano II..., op. cit.,* p. 236.

«*El germen de la crisis es muy anterior, pero no cabe duda de que el Concilio Vaticano II ha ido seguido de una crisis profunda y universal de la Iglesia. El postconcilio no resultó ser el ideal esperado. De ahí que, en El campesino del Garona, Jacques Maritain se refiera a una «fiebre neo-modernista (...), fiebre muy contagiosa, por lo menos en los círculos que se llaman intelectuales, y frente a la cual el modernismo del tiempo de Pío X no era más que un modesto resfriadillo (...); esta (...) descripción nos presenta el cuadro de una especie de apostasía «inmanente» (...) que se venía preparando desde hacía muchos años, y cuya manifestación —mentirosamente imputada, a veces, al «espíritu del Concilio»— (...) ha sido acelerada por algunas esperanzas oscuras de las partes bajas del alma, suscitadas por doquier con motivo del Concilio».*[263]

Testigo y autor de varios escritos sobre el comunismo y su influencia en la Iglesia destacamos al arzobispo emérito de Diamantina, Brasil:

«*En la amplia exposición de Mons. De Proença Sigaud,*[264] *pasaba seguidamente a describir la estrategia del caballo de Troya del enemigo, especificando algunos puntos característicos de los que éste se servía para disolver los principios y la moral católica: la doctrina del mal menor; la adaptación a los no católicos; la colaboración con los no católicos; el mito de la buena fe; el baile; la moda; los concursos de belleza; el cine pasional; la difusión de malos libros».*[265]

---

263   SARAH, ROBERT, *Se hace tarde...*, *op. cit.*, pp. 109-110.

264   Acta de *Documenta Concilio Oecumenico Vaticano II* (Ciudad del Vaticano, Typis Vaticanis, 1960-1964) y Dom Geraldo de Proença Sigaud SVD (Belo Horizonte, 26 de septiembre de 1909 - 5 de septiembre de 1999). Documento de lectura obligatoria para entender la infiltración del comunismo en la Iglesia, disponible en Bibliografía. Mons. de Proença Sigaud fue un religioso verbita, obispo católico y arzobispo emérito de la Archidiócesis de Diamantina, en Minas Gerais (N. del A.).

265   DE MATTEI, ROBERTO, *El Concilio Vaticano II...*, *op. cit.*, pp. 186-189.

A pesar de esto, no hay lugar para el pesimismo porque la *Señora más brillante que el sol* (Ap 12,2),[266] viene en nuestro auxilio y nos muestra el camino, el único válido para ayudar a devolver el alma a este mundo nuestro que destrona a Dios para colocar al hombre en el trono divino:

> «*Se equivoca quien piensa que la misión profética de Fátima está acabada. (…) El hombre ha sido capaz de desencadenar una corriente de muerte y de terror, que no logra interrumpirla… En la Sagrada Escritura se muestra a menudo que Dios se pone a buscar a los justos para salvar la ciudad de los hombres y lo mismo hace aquí, en Fátima, cuando Nuestra Señora pregunta: «¿Queréis ofreceros a Dios para soportar todos los sufrimientos que Él quiera mandaros, como acto de reparación por los pecados por los cuales Él es ofendido, y de súplica por la conversión de los pecadores?» (Memórias da Irmã Lúcia, I, 162). (…) Al principio fueron solo tres, pero el ejemplo de sus vidas se ha difundido y multiplicado en numerosos grupos por toda la faz de la tierra*».[267]

Cada día es más actual el mensaje de Fátima. Y cómo el Cielo cuida de nosotros mostrándonos el único camino que conduce al encuentro con el Creador.

Siempre permanecerá el «resto de Israel», los *anawim*,[268] las almas víctimas que, en medio del desierto de la

---

266   N. del A.: El texto del Apocalipsis 12,2 narra la lucha entre la Bestia y la Mujer, cuyo vencedor es la Mujer, vestida de sol, con la luna bajo sus pies. Nuestra Madre nos llama a ingresar en su ejército sabiendo que el triunfo está asegurado por muy recia que se presente la guerra. Los Pastorcitos nada sabían de la figura del Apocalipsis, pero llamaron de este modo a la Señora porque habían recibido luces del Cielo para avisar de lo que significaba el mensaje de Fátima. Como que dicho en otro lugar: es la última batalla entre Satanás y Dios Creador. La rebelión de la criatura que no quiere servir por amor, pero sí reinar por la soberbia.

267   BENEDICTO XVI, *Homilía*, 10° Aniversario de la Beatificación de los Pastorcillos de Fátima, Fátima, Portugal, 13 de mayo de 2010.

268   N. del A.: *Anawin* en lengua aramea significa: «Hombre pobre, cuya única riqueza es tener a Dios, cree radicalmente en Él y teniéndolo en su ser, le basta para sobrevivir». En un principio se llamó así a los económi-

apostasía, brotan como manantiales de paz. Son los elegidos de Yahweh quienes iluminan como faros que rasgan las tinieblas de la noche y describen en la bitácora de abordo el rumbo que conduce la nave hacia el puerto seguro:

> *«La apostasía general no debe llenarnos de pasmo, pues es anunciada por Jesucristo y por los apóstoles como antecedente del Anticristo y preludio del triunfo de nuestro Redentor. Siempre quedará un pequeño grupo de verdaderos y fieles cristianos, la «pequeña grey» (Lc 12,32), aun cuando se haya enfriado la caridad de la gran mayoría (Mt 24,12) al extremo de que si fuera posible serían arrastrados aún los escogidos (Mt 24,24). Jesús nos enseña que serán librados sus amigos (Lc 21,28.36); los que velen guardando sus palabras y profecías como una lámpara en lugar oscuro hasta que amanezca el día (2P 1,19)».*[269]

Dicho plan de destronar a Dios para poner en el trono al hombre arranca desde muy lejos,[270] y va concretándose por etapas, como ha quedado ya apuntado más arriba:

> *«El proceso de la Revolución comienza a finales de la Edad Media, progresa en el Renacimiento pagano, realiza grandes progresos durante la pseudo-Reforma. Durante la Revolución Francesa destruyó la base política y social de la Iglesia, durante la expugnación del Estado pontificio creyó haber destruido la Santa Sede, con la secularización de los bienes religiosos y de las diócesis, dispersó el patrimonio de la Iglesia, con el Modernismo creó una gravísima crisis*

---

camente pobres, pero después también pasaron a formar parte de este grupo aquellos hombres que no confiaban en sus propias fuerzas y proclamaban a Dios como su única fuente de seguridad y riqueza. *«Los Anawin son los primeros en entender el mensaje del Reino».*

269 MAZUELO-LEYTÓN, GERMÁN, *Fátima y las…, op. cit.*

270 GAZAPO ANDRADE, BIENVENIDO, y CAMBÓN CRESPO, ELIA. *Europa, identidad y misión. Aportación de Juan Pablo II a la construcción de Europa*, Grandes Firmas Edibesa, n. 97, Madrid, 2004, pp. 23-94. Acertado y sugerente capítulo sobre el ocaso de la Cristiandad y el nacimiento de la Modernidad.

interna y, por último, con el comunismo, creó un instrumento decisivo para excluir el nombre cristiano de la tierra. La grandísima fuerza de la Revolución proviene del sabio uso de las pasiones humanas. El comunismo creó la ciencia de la Revolución y sus armas son las pasiones humanas desenfrenadas incitadas de forma metódica. [...] Estas pasiones desordenadas y fuertes se dirigen de un modo científico hacia un fin y se someten a la disciplina férrea de sus dirigentes, para destruir desde sus fundamentos la ciudad de Dios y construir la ciudad de los hombres. Acogen también la dictadura, soportan la pobreza con el fin de construir el orden del Anticristo».[271]

Una vez más nos encontramos con Satanás que, afincado en el desorden de la naturaleza humana, fruto del pecado original, intenta apartar al hombre de su Creador.[272]

Va más allá del alcance de este ensayo el recordar la historia de la Masonería y sus planes para destruir la Iglesia y, consiguientemente, la civilización cristiana. Apunto brevemente algunos hitos de este proceso histórico. En el plan organizado por la Masonería, el primer objetivo fue la conquista de Rusia, destruyéndola a través de la Revolución. Rusia es la gran reserva espiritual. Lo pone de manifiesto su larga historia de espiritualidad, profundamente enraizada en la Santísima Trinidad. Estados Unidos, con el apoyo financiero de la gran banca americana y de manos de la masonería, hizo posible que Lenin se trasladase a Rusia con este objetivo. Destruido el Imperio de los Zares el mundo caminó fatigado, oxigenado por un solo pulmón. Al principio, Lenin no

---

271   DE MATTEI, ROBERTO, *El Concilio Vaticano II..., op. cit.*, p. 186. Cfr. De Proença, S.: AD I-II/7, pp. 184-185. Plinio Corrêa de Oliveira también consideraba que la causa más profunda del proceso revolucionario una explosión de orgullo y sensualidad, que inspiró un largo sistema de causas y efectos en los rincones más profundos del alma y de la cultura occidental. Apuntaba de Proença las soluciones a este mal: vid. AD, I-II, 7, p. 186.

272   Vid. BÁRCENA, ALBERTO, *op. cit.* Bárcena recorre y pone en su contexto histórico dicho plan para destrucción de la Iglesia Católica, afirmando que es el último obstáculo para eliminar.

pensaba en Rusia como lugar para implantar el comunismo, entre otras razones porque era fundamentalmente agrícola, carente de tejido industrial. Pensaba más bien en Alemania, como antes había intentado establecerlo en Francia. Pero en ambos países fracasó. Pero él sabía que destruir el alma cristiana de Rusia era minar la civilización cristiana y privar a Europa de uno de sus dos pulmones. El otro era Europa occidental, cuya descristianización entraba igualmente en su proyecto diabólico.

Implantada la revolución en Rusia, les quedaba a los enemigos de la civilización cristiana otro baluarte que era preciso derruir, o incluso aniquilar. Dicho baluarte no es otro que el Imperio Austrohúngaro en la persona del Emperador Carlos I de Habsburgo,[273] quien perdió su Trono por ser fiel a su conciencia y a su ser cristiano.[274]

Y en España, el Rey Alfonso XIII pagó con el destierro el negarse a aceptar la propuesta masónica y murió fuera de su patria como se lo había jurado dicha secta. Vale la pena, aun cuando sea un poco larga, la cita de dicho encuentro:

---

273 FACCIA SERRANO E., traductora. Así pagó el emperador Carlos de Habsburgo su resistencia a las presiones de la masonería europea. Religion en Libertad; [fecha de publicación no especificada]. Disponible en Bibliografía.

274 FACCIA SERRANO, ELIA, *op. cit.*: «*Es una historia extraña. Todo tiene inicio a principios del siglo XX cuando, en una pequeña ciudad del noroeste de Hungría, Sopron, llama a la pesada puerta del convento donde vivía una gran mística, la madre Vincentina —una monja ursulina muerta en olor de santidad—, ni más ni menos que la princesa María Josefina de Sajonia, madre de Carlos I de Austria, el último emperador austrohúngaro. No es la primera vez que ambas se ven. Pero esta vez la mística religiosa le revela su profecía: «Carlos está destinado a ser emperador, pero sufrirá mucho y será el centro de los ataques del Mal». Y si leemos los miles de páginas, documentos y testimonios recogidos por la Congregación para la Causa de los Santos del Vaticano (que he podido ver personalmente), cuesta comprender las dimensiones del enorme «complot» urdido por la masonería inglesa y europea para atacar y dañar el honor de Carlos I (1887-1922), emperador de Austria y rey de Hungría, el último soberano del Sacro Imperio Romano. Carlos de Habsburgo fue beatificado el 3 de octubre de 2004 por Juan Pablo II*».

«Despúes de agradecerle (el P. Crawley) expresivamente su participación en el acto del Cerro,[275] *el Rey me respondió:*

«Padre, he tenido un gran gusto en cumplir en el Cerro de los Ángeles un deber de Rey Católico, pues el enemigo de nuestra fe está ya dentro de la ciudadela. Y le doy una prueba: en este mismo salón me vi obligado a recibir una delegación de la francmasonería internacional. Unos doce señores. He aquí lo que me dijeron: Tenemos el honor de hacerle ciertas proposiciones y garantizar con ellas que Vuestra Majestad conservará la corona, servirá fielmente a la monarquía, a pesar de las crisis tremendas que la amenazan y reinará en un ambiente de paz. Y al preguntar qué proposiciones eran aquellas, dicho señor me presentó un rico pergamino diciéndome:

Con su firma pedimos a Su Majestad, dé su adhesión a las siguientes proposiciones: 1ª, su adhesión a la masonería; 2ª, decretar que España será un estado laico; 3ª, para la reforma de la familia, decretar el divorcio y 4ª instrucción pública y laica.

Sin titubear un instante, respondí: Esto, ¡¡jamás!! No lo puedo hacer como creyente. Personalmente soy católico, apostólico y romano. Y como quisieran insistir, les despedí con una venia.

Al salir me dijo el mismo Señor: Lo sentimos, pues vuestra Majestad acaba de firmar su abdicación como Rey de España y su destierro. - ¡Prefiero morir desterrado —repliqué con viveza— que conservar el trono y la corona al precio de la traición y la perfidia que me propone!».[276]

España está en el punto de mira de Satanás que quiere destruirla. España es el *«katejon»* que impide al enemigo, como en otras épocas de la historia, campar por sus fueros y arrasar todo vestigio de civilización cristiana. En palabras de Benedicto XVI, no lo conseguirá. Jorge Fernández Díaz, ministro del Interior del Gobierno presidido por Mariano Ra-

---

275   N. del A.: La Consagración de España al Sagrado Corazón de Jesús se celebró el 30 de mayo de 1919 en el Cerro de los Ángeles, situado en la diócesis de Getafe, centro geográfico de España.

276   BÁRCENA, ALBERTO, *La pérdida de...*, *op. cit.*, pp. 442-443.

joy (2011-2018), afirma que es la primera vez que cuenta en público su encuentro con Benedicto XVI. Hablaron entre otras cosas de las visitas que hizo a España siendo Papa reinante. Entonces don Jorge le dijo al Papa cómo estaba la situación en España, con el problema de Cataluña, y le rogó que rezara por la nación española. Entonces «*me interrumpió con toda dulzura y literalmente me dijo lo siguiente: El diablo quiere destruir España*». Como Fernández Díaz quedó impactado, Benedicto XVI le explicó que «*el diablo ataca más a los mejores y por eso ataca y quiere destruir España*».

A continuación, siguió glosando las palabras del Papa Benedicto: «*El diablo sabe lo que ha hecho España a lo largo de su Historia: la evangelización de América, el papel de España durante la Contrarreforma, la persecución religiosa durante los años treinta del pasado siglo*». Al ver que el ex-ministro seguía conmocionado, Benedicto XVI añadió: «*Tenga confianza, los enemigos de Dios y de la Iglesia hacen mucho ruido y están muy presentes en los medios, pero sin salir en los medios y sin hacer ruido hay mucha gente que reza. Y esa oración es muy poderosa*». El Papa emérito siguió hablando: «*Le voy a decir las armas por las que van a derrotar al diablo y no va a conseguir destruir España: la primera, la humildad; la segunda, la oración; la tercera, el sufrimiento* —y, tras una brevísima pausa— *la devoción a la Santísima Virgen*». Y entonces añadió: «*Y como en el evangelio del próximo domingo, tenga confianza. En el momento oportuno el Señor actuará*».[277]

El Cielo no miente y, a través de la Divina Mensajera, nos advierte del peligro si no hacemos caso a su petición de consagración, oración y sacrificio. Como ignoramos su petición, Rusia —no como país, sino como fuerza del mal— sigue expandiendo sus errores por el mundo, es decir, mediante el comunismo transformado en revolución cultural, de la mano

---

277　*Ibidem,* p. 443. Durante presentación del libro *La pérdida de España,* de Alberto Bárcena, profesor de la Universidad CEU-San Pablo, el ex-ministro de Interior de España, Jorge Fernández Díaz, reveló una conversación que mantuvo el 17 de junio del 2015 con Benedicto XVI.

de Gramsci,[278] la Escuela de Frankfurt y la Masonería, unidos por el mismo objetivo: «*Pero yendo al fondo del asunto, tanto Lukács como los teóricos de la Escuela de Frankfurt, dejaron de lado el asunto económico y convirtieron la cultura en su centro de estudio, teniendo claro que lo que querían era provocar «cambios sociales masivos»*»,[279] es decir, implantar la revolución en su genuino sentido. Y contando, de igual modo, con el plan marxista de infiltrarse en la Iglesia Católica. Como muestra, un botón:

> «*La conferencia contó con la presencia de un monje que cuenta la charla en* Christian Order Magazine:[280] *He escuchado a esa mujer (ex miembro del partido comunista) durante cuatro horas y tenía los pelos de punta. Todo lo que dijo se ha cumplido al pie de la letra. Se podría pensar que era el profeta más grande del mundo, pero no era un profeta. Ella estaba simplemente exponiendo el plan de batalla paso a paso de la subversión comunista de la Iglesia Católica. Ella explicó que, de todas las religiones del mundo, la Iglesia Católica era la única temida por los comunistas, porque era su único oponente efectivo. La idea era destruir, no a la institución de la Iglesia sino la fe de la gente. Esto sería necesario con el fin de*

---

278 Cfr. VARGAS GALINDO, FRANCISCO JAVIER, *Sobre Gramsci y su influencia en la revolución cultural de nuestro tiempo*, en «Analítica», 27 de marzo de 2019: «*El fin último del gramscismo es hacer desaparecer de la memoria colectiva las costumbres y tradiciones del pasado permutando el sentido común y logrando que las personas pierdan, paulatinamente, el sentido de los trascendente*», artículo electrónico disponible en Bibliografía.

279 VISONO, MARÍA ASSUMTA ISABELLA (Bella Dodd), *La Hoja de Ruta del enemigo para destruir la Civilización Cristiana,* video referenciado en Bibliografía.

280 EDITORIAL, Revista «Christian Order», noviembre de 2000, dice textualmente: «*I listened to that woman for four hours and she had my hair standing on end. Everything she said has been fulfilled to the letter. You would think she was the world's greatest prophet, but she was no prophet. She was merely exposing the step-by-step battle plan of Communist subversion of the Catholic Church. She explained that of all the world's religions, the Catholic Church was the only one feared by the Communists, for it was its only effective opponent (…)*».

que líderes de la Iglesia no tuvieran vergüenza e hicieran una 'apertura al mundo', y desarrollaran una actitud más flexible hacia todas las religiones y filosofías»».[281]

La escuela de Frankfurt[282] plantea que, bajo la cultura occidental, todos viven en un constante estado de represión psicológica, que la libertad y la felicidad solo se conseguirá eliminando lo que conocemos como valores occidentales. Por eso hay que atacar las instituciones como la familia y la Iglesia, que son las que refuerzan e inculcan las virtudes sobre las que se sustenta Occidente.

> *«(…) Eso sí, tienen claro, y escriben ampliamente al respecto —en libros como* Eros y Civilización *de Herbert Marcuse— que la destrucción de la cultura occidental pasa por la eliminación de cualquier restricción a la conducta sexual y la normalización del desenfreno, consiguiendo que cualquier cosa que antes pudiera ser tildada de aberrante ahora deba ser aceptada. La familia, como la conocemos, debe desaparecer, la monogamia es para ellos una atadura y los hijos no deben ser de los padres sino del Estado, de la «comunidad». Y por supuesto la religión es un impedimento para la consecución de todo esto».*[283]

Es el enemigo a batir. Por lo que, utilizando todos los medios posibles, no importa su licitud o ilicitud, lanzan sus dardos al mismo corazón del Creador, con el único satánico objetivo de aniquilarlo e implantar un nuevo orden mundial,[284]

---

281 *Ibidem.* Vid. *Ex espía de la Unión Soviética: Nosotros creamos la Teología de la Liberación* (ACIPRENSA), disponible en Bibliografía.

282 Fue fundada a principios del siglo XX por investigadores comunistas. Uno de sus ejes de acción era la discusión crítico-ideológica de las condiciones sociales e históricas que dan pie a la formulación de las ideologías de masas.

283 VALLEJO, VANESSA, *¿Por qué incendian iglesias en Chile?: una guerra irregular contra Occidente.* PanAm Post, 18 de noviembre de 2019, disponible en Bibliografía.

284 Remito a las palabras de Sor Lucía al Cardenal Carlo Caffarra sobre la última batalla, ya transcritas (vid. Nota 118).

mediante la destrucción de la familia, de la persona y de la misma ley natural. Es, como queda dicho, una verdadera revolución, un cambio ontológico —*«ab imis fundamentis»*, en expresión clásica–.

Las ideas de Gramsci han conformado el pensamiento y la cultura —especialmente la europea, aunque no solo—. Vivimos inmersos en el marxismo y no solo lo respiramos, sino que lo absorbemos como por ósmosis. Estamos en el apogeo de una transformación cultural profunda —el «giro antropológico» de Karl Rahner— de la historia con el silencio clamoroso y la incomparecencia cultural culpable de quienes deberían hablar:

> *«Me duele que tantos obispos y sacerdotes descuiden su misión fundamental, que es su propia santificación y el anuncio del Evangelio de Jesús, para dedicarse a cuestiones sociopolíticas como el medioambiente, las migraciones o los sintecho. Ocuparse de todos estos debates es un compromiso loable. Pero, si descuidan la evangelización y su propia santificación, se agitan en vano. La Iglesia no es una democracia en la que una mayoría acaba haciéndose con el control de las decisiones. La Iglesia es el pueblo de los santos. (...) Los cristianos de la Iglesia primitiva se llamaban «los santos» porque toda su vida estaba impregnada de la presencia de Cristo y de la luz de su Evangelio. Eran minoritarios, pero transformaron el mundo. Cristo nunca prometió a sus fieles que serían mayoritarios».*[285]

Los cristianos seremos siempre y solo fermento que transforma la masa. Es el caso, entre muchos, de la labor de Jaime Mayor Oreja. Es labor de todos y cada uno de los laicos en medio del mundo, usando su lugar de trabajo y de su vida ordinaria, recristianizar la sociedad.

Según Jaime Mayor Oreja, estamos en una sociedad en la que estamos inmersos en *«la dimisión de lo obvio»*, hemos perdido el sentido común y *«el alma de Europa»* al desgajarla de sus raíces cristianas, arrojando a Jesucristo de la concepción

---

285 SARAH, ROBERT, CARDENAL, *Se hace tarde…, op. cit.,* p. 32.

de la sociedad. Así quedó claro en el debate celebrado en la sede de la Unión Europea, que terminó con la aprobación de la Constitución Europea. Quedan apuntadas las soluciones al comienzo de este mismo capítulo. Un clarividente análisis de hacia dónde camina Europa y cuáles son las soluciones para esto lo trata el cardenal Ratzinger en Subiaco y más tarde siendo ya Papa Benedicto XVI. Estos discursos dan más que abundante material para un tratado de la relación de Europa y el cristianismo. Europa nace cristiana y ha de volver a sus raíces[286] si quiere permanecer como faro de la una nueva civilización donde Dios ocupe su lugar.[287]

---

286   JUAN PABLO II, *Discurso*, Acto Europeo en Santiago de Compostela, 9 de noviembre de 1982: «*Por esto yo, Juan Pablo, hijo de la nación polaca que se ha considerado siempre europea, por sus orígenes, tradiciones, cultura y relaciones vitales; eslava entre los latinos y latina entre los eslavos; Yo, Sucesor de Pedro en la Sede de Roma, una Sede que Cristo quiso colocar en Europa y que ama por su esfuerzo en la difusión del cristianismo en todo el mundo. Yo, Obispo de Roma y Pastor de la Iglesia universal, desde Santiago, te lanzo, vieja Europa, un grito lleno de amor: Vuelve a encontrarte. Sé tú misma. Descubre tus orígenes. Aviva tus raíces. Revive aquellos valores auténticos que hicieron gloriosa tu historia y benéfica tu presencia en los demás continentes. Reconstruye tu unidad espiritual, en un clima de pleno respeto a las otras religiones y a las genuinas libertades. Da al César lo que es del César y a Dios lo que es de Dios. No te enorgullezcas por tus conquistas hasta olvidar sus posibles consecuencias negativas. No te deprimas por la pérdida cuantitativa de tu grandeza en el mundo o por las crisis sociales y culturales que te afectan ahora. Tú puedes ser todavía faro de civilización y estímulo de progreso para el mundo. Los demás continentes te miran y esperan también de ti la misma respuesta que Santiago dio a Cristo: «lo puedo»».*

287   N. del A.: Algunas intervenciones relevantes al respecto: Ratzinger, JOSEPH, *Europa en la crisis de las culturas, Conferencia en el Monasterio de Santa Escolástica al recibir el Premio «San Benito por la promoción de la vida y de las familias en Europa»*, Subiaco, Italia, 1 de abril de 2005, disponible en formato electrónico en la Bibliografía; BENEDICTO XVI, *Discurso preparado por el Santo Padre Benedicto XVI para el Encuentro con la Universidad de Roma «La Sapienza»* (Texto de la conferencia que el Papa BENEDICTO XVI iba a pronunciar durante su visita a la «Sapienza, Universidad de Roma», el jueves 17 de enero de 2008, cancelada el 15 de enero); BENEDICTO XVI, *Discurso*, en la Visita al Parlamento Federal, Alemania, Berlín, Reichstag, 22 de septiembre de 2011.

La reconquista de Europa está en marcha. La semilla sembrada por San Benito tardó siglos en llegar a su plenitud.[288] Y fue en extremo fecunda.[289] Esta nueva siembra, con la ayuda del Señor de la historia y de tantas almas pequeñas que rezan y trabajan en el silencioso surco de la Historia, con su confianza puesta en Dios, germinará y florecerá: por eso es necesario comprender que estamos en una batalla de David contra Goliat. Pero no se trata en ningún caso de extremar las posiciones, pero tampoco en la superficialidad, sino de ir a la raíz de la crisis, en la búsqueda de la verdad, de lo que sucede. Esa es la línea básica argumental de la plataforma *One of Us*.[290]

Resta un grande y apasionante camino para andar. La reconquista cultural de Europa la llevarán a cabo intelectuales verdaderos y audaces, santos. La única vacuna eficaz es una buena y sana estructura mental alimentada con la filosofía y la teología de siempre, cuyo maestro es Santo Tomás de Aquino. El abandono de Santo Tomás en la Baja Edad Media,[291] conduce el pensamiento europeo al nominalismo que desemboca en el ateísmo y relativismo que permean la cultura actual.[292]

---

288   Cf. Jn. 4, 25-36a: «*¿No decís vosotros que faltan cuatro meses para la siega? Pero yo os digo: Levantad los ojos y mirad los campos que están dorados para la siega*».

289   DE MATTEI, ROBERTO, *El Concilio Vaticano II…, op. cit.*

290   «*El ex eurodiputado popular Jaime Mayor Oreja (San Sebastián, 1951) está dispuesto a librar la batalla cultural que se disputa en Europa.* One of Us, *la federación que preside desde el año 2014, presentó el 23 de febrero de 2019 en el senado de París el primer* think-tank *europeo con el objetivo de analizar la situación del continente desde la óptica de la crisis moral que padece y unir esfuerzos para conseguir una renovación de «Europa, fiel a la dignidad humana». Esta inédita plataforma cultural, integrada por intelectuales y pensadores, tiene como principal referente al historiador y profesor emérito de la Universidad de la Sorbona, Rémi Brague*». Disponible en Bibliografía.

291   GAZAPO ANDRADE, BIENVENIDO, y Cambón Crespo, ELIA. *Europa, identidad y misión. Aportación de Juan Pablo II a la construcción de Europa*, Grandes Firmas Edibesa, n. 97, Madrid, 2004.

292   *Ibidem:* «*Las propuestas de Ockham suponían una declaración pesimista de la naturaleza humana, porque al afirmar la imposibilidad de la razón humana para llegar al conocimiento de Dios, postulaban la imposibilidad de cualquier complementariedad entre la fe y la razón, que iniciaban un*

Cuadran aquí los versos de Lope de Vega que retratan a nuestra Europa sin raíces, sin rumbo y a merced de cualquier viento:

> *Pobre barquilla mía,*
> *entre peñascos rota,*
> *sin velas desvelada,*
> *y entre las olas sola:*
> *¿Adónde vas perdida?*
> *¿Adónde, di, te engolfas?*
> *Que no hay deseos cuerdos*
> *con esperanzas locas.*[293]

Antes que el Anticristo sea vencido y, perdido todo poder, aplastada su cabeza por la Inmaculada, la Iglesia tendrá un período de prueba. Parece estar al borde del abismo y de la destrucción. No será así: *«Las puertas del Infierno no prevalecerán»* (Mt 16,18).

> *«Antes del advenimiento de Cristo, la Iglesia deberá pasar por una prueba final que sacudirá la fe de numerosos creyentes (Lc 18,8; Mt 24,12). La persecución que acompaña a su peregrinación sobre la tierra (cf. Lc 21,12; Jn 15,19-20) desvelará el «misterio de iniquidad» bajo la forma de una impostura religiosa que proporcionará a los hombres una solución aparente a sus problemas mediante el precio de la*

---

progresivo distanciamiento entre el orden natural y el sobrenatural. Ockham puso así las bases ideológicas de lo que se ha llamado el "giro antropocéntrico" de la Modernidad, que se fundamentó al menos sobre dos actitudes mentales: el empirismo, que afirma que no hay más conocimiento que de lo concreto e individual ni más verdad que la experimentable, y el agnosticismo, que niega a la razón humana toda posibilidad del conocimiento de Dios. Consecuentemente ponía también las bases de la praxis político social del mundo moderno, el secularismo político, por el que la sociedad humana se organizaría sin ninguna referencia a Dios. Era por tanto necesario separar radicalmente la Iglesia del Estado. En este sentido Ockham es prototipo del hombre moderno».

293   DE VEGA CARPIO, LOPE FÉLIX, *Pobre barquilla mía*, en «Obras Poéticas», edición de José Manuel Blecua, Planeta, Madrid, 1989.

apostasía de la verdad. La impostura religiosa suprema es la del Anticristo, es decir, la de un pseudomesianismo en que el hombre se glorifica a sí mismo colocándose en el lugar de Dios y de su Mesías venido en la carne (cf. 2Tes 2,4-12; 1Tes 5,2-3; 2Jn 7; 1Jn 2,18.22)».[294]

Parece como si San Pablo estuviera describiendo la situación actual y al hombre ilustrado.

Jesús anuncia persecución, dice a sus discípulos que la sufrirán. En la medida en la que el mundo se aparta de Dios viene la persecución, un mundo que se siente molesto por los testigos de Cristo, molesto porque el que vive en tinieblas se revuelve ante la luz (Sal 37,12.32). La impostura o rebeldía religiosa suprema es la del Anticristo.

La Iglesia debe seguir los pasos de su Fundador por lo que su triunfo no puede separarse de la Cruz:

> «*La Iglesia solo entrará en la gloria del Reino a través de esta última Pascua en la que seguirá a su Señor en su muerte y su Resurrección (Ap 19,1-9). El Reino no se realizará, por tanto, mediante un triunfo histórico de la Iglesia (Ap 13,8) en forma de un proceso creciente, sino por una victoria de Dios sobre el último desencadenamiento del mal (Ap 20,7-10) que hará descender desde el cielo a su Esposa (Ap 21,2-4). El triunfo sobre la rebelión del mal tomará forma del Juicio Final (Ap 20,12) después de la última sacudida cósmica de este mundo que pasa (2 Pe 3,12-13)».*[295]

Los enemigos olvidan, no obstante, que Dios es el Señor de la historia quien, a través de su Providencia, ordena todo —incluso los males— para el bien de aquellos que quieren ser fieles, con fidelidad martirial, a su vocación de hijos de Dios: «*Puesto que dio su vida en expiación, verá su descendencia, alagará los días, y, por su mano, el designio del Señor prosperará*» (Is 53,10).

---

294 CATECISMO DE LA IGLESIA CATÓLICA, *op. cit.*, n. 675.
295 CATECISMO DE LA IGLESIA CATÓLICA, *op. cit.*, n. 677.

Es, pues, tiempo de Esperanza teologal ante la crisis profunda que amenaza minar los mismos cimientos sobre los que se asienta la Iglesia y la sociedad: Dios Creador. No va a suceder, porque Jesucristo ha empeñado su palabra: *«Y sabed que yo estoy con vosotros todos los días hasta el fin del mundo»* (Mt 28,20). Aun cuando antes de esto, como dice el Catecismo de la Iglesia católica, esta tenga que pasar por un nuevo Triduo Pascual.

San Juan Pablo II nos dejó palabras para ayudar a fortalecer nuestra esperanza:

> *«A todas las Iglesias, tanto de Oriente como de Occidente, llega el grito de los hombres de hoy que quieren encontrar un sentido a su vida. Nosotros percibimos en ese grito la invocación de quien busca al Padre olvidado y perdido (Lc 15,18-20; Jn 14,8). Las mujeres y los hombres de hoy nos piden que les mostremos a Cristo, que conoce al Padre y nos lo ha revelado (Jn 8,55; 14,8-11). Dejándonos interpelar por las demandas del mundo, escuchándolas con humildad y ternura, con plena solidaridad hacia quien las hace, estamos llamados a mostrar con palabras y gestos de hoy las inmensas riquezas que nuestras Iglesias conservan en los cofres de sus tradiciones. Aprendemos del mismo Señor quien, a lo largo del camino, se detenía entre la gente, la escuchaba, se conmovía cuando los veía como ovejas sin pastor (Mt 9,36; Mc 6,34). De él debemos aprender esa mirada de amor con la que reconciliaba a los hombres con el Padre y consigo mismos, comunicándoles la única fuerza capaz de sanar a todo el hombre».*[296]

Dicho de otro modo: estar en el mundo sin ser del mundo, pisando firmemente la tierra y anclando el corazón en el Cielo. Vivir los gozos y las alegrías, los problemas de los hombres, sin dejarse aplastar por ellos y aportando soluciones, sin perderse en lamentaciones estériles, siendo luz y sal (cf. Jn 15,18-19).

---

[296] JUAN PABLO II, Carta Apostólica *Orientale Lumen*, 2 de mayo de 1995, n. 4.

Transcribo unas palabras del Cardenal Sarah, que son un mensaje lleno de fe y de esperanza para los hombres que vivimos en este actual y atribulado mundo:

> «*En la historia de la Iglesia es ese «pequeño resto» el que ha salvado la fe. Unos cuantos creyentes que han permanecido fieles a Dios y a su alianza. Son la cepa que renace siempre para que el árbol no muera. Siempre subsistirá, aun estando desvalido, un pequeño rebaño, un modelo para la Iglesia y el mundo. Los santos han encontrado a Dios. Son hombres y mujeres que han encontrado lo esencial. Son la piedra angular de la humanidad. La tierra renace y se renueva gracias a los santos y a su vínculo inquebrantable con Dios y con los hombres, a quienes desean arrastrar hacia la salvación eterna».*[297]

Vale la pena también recordar el hermoso poema del gran Antonio Machado:[298]

> *Al olmo viejo, hendido por el rayo*
> *y en su mitad podrido,*
> *con las lluvias de abril y el sol de mayo*
> *algunas hojas verdes le han salido.*
> *(…)*
> *Antes que el río hasta la mar te empuje*
> *por valles y barrancas, olmo,*
> *quiero anotar en mi cartera la gracia*
> *de tu rama verdecida.*
> *Mi corazón espera también,*
> *hacia la luz y hacia la vida,*
> *otro milagro de la primavera.*

Estas palabras del poeta castellano invitan a la esperanza y a la seguridad de una nueva primavera: «*No tengáis*

297 SARAH, ROBERT, *Se hace tarde…, op. cit.*, p. 31.
298 MACHADO, ANTONIO, *A un olmo seco*, en «La poesía de Antonio Machado», de Luis Carlos Fernández Lobo y María Esther Gulino, Ediciones Akal, Madrid, 1997.

miedo. Yo he vencido al mundo» (Jn 16,33). Dios llama a la puerta del corazón del hombre, de hoy y de siempre, y hace resonar aquellas palabras que san Juan Pablo II gritaba en la Plaza de San Pedro, recién elegido Papa: *«No tengáis miedo»*. Palabras repetidas a lo largo y ancho del mundo, sobre todo en el encuentro con gente joven, esperanza de Dios y de la humanidad:

> *«¡Solo Cristo puede dar la verdadera respuesta a todas vuestras dificultades! El mundo está necesitado de vuestra respuesta personal a las Palabras de vida del Maestro: Contigo hablo, ¡levántate (...) No tengáis miedo de mirarlo a Él! Mirad al Señor: ¿Qué veis? ¿Es sólo un hombre sabio? ¡No! ¡Es más que eso! ¿Es un Profeta? ¡Sí! ¡Pero es más aún! ¿Es un reformador social? ¡Mucho más que un reformador, mucho más! Mirad al Señor con ojos atentos y descubriréis en Él el rostro mismo de Dios. [...] ¿Qué significa construir vuestra vida en Cristo? Significa dejaros comprometer por su amor. Un amor que pide coherencia en el propio comportamiento, que exige acomodar la propia conducta a la doctrina y a los mandamientos de Jesucristo y de su Iglesia; un amor que llena nuestras vidas de una felicidad y de una paz que el mundo no puede dar (cf. Jn 14,27), a pesar de que tanto la necesita. No tengáis miedo a las exigencias del amor de Cristo. Temed, por el contrario, la pusilanimidad, la ligereza, la comodidad, el egoísmo; todo aquello que quiera acallar la voz de Cristo que, dirigiéndose a cada una, a cada uno, repite:* Contigo hablo, levántate *(Mc 5,41)».*[299]

Palabras que recuerdan a las de san Josemaría Escrivá:

> *«La meta que os propongo —mejor, la que Dios nos señala a todos— no es un espejismo o un ideal inalcanzable (...). En esta época de desmoronamiento general, de cesiones y desánimos, o de libertinaje y anarquía, me parece todavía más actual aquella sencilla y profunda convicción que, en los comienzos de mi labor sacerdotal, y siempre, me ha consumido*

---

299   JUAN PABLO II, *Discurso,* a los jóvenes en Santiago de Chile, 2 de abril de 1987.

en deseos de comunicar a la humanidad entera: estas crisis mundiales son crisis de santos».[300]

Al Mensaje de la Señora más brillante que el sol (*«al final mi Corazón Inmaculado triunfará»*), añado lo dicho por Benedicto XVI en la Jornada Mundial de la Juventud celebrada en Madrid en 2011:

> *«Si permanecéis en el amor de Cristo, arraigados en la fe, encontraréis, aun en medio de contrariedades y sufrimientos, la raíz del gozo y la alegría. La fe no se opone a vuestros ideales más altos, al contrario, los exalta y perfecciona (…). No os conforméis con menos que la Verdad y el Amor, no os conforméis con menos que Cristo (…). Que ninguna adversidad os paralice. No tengáis miedo al mundo, ni al futuro, ni a vuestra debilidad. El señor os ha otorgado vivir en este momento de la Historia, para que gracias a vuestra fe siga resonando su Nombre en toda la tierra».*[301]

La Cruz es la victoria definitiva del Cordero inmolado sobre el Enemigo: *«Os he dicho esto para que tengáis paz en mí. En el mundo tendréis sufrimientos, pero confiad: yo he vencido al mundo»* (Jn 16,33).[302] Y, junto a la Cruz *«stabat Mater Dolorosa»*, nuestra Madre, unida íntimamente al sufrimiento de su hijo Jesús para la gloria de Dios y la salvación de las almas.

Refugiados en el Corazón Inmaculado de María caminamos seguros hacia el triunfo final. *«Por fin mi Inmaculado Corazón triunfará».* La bestia del Apocalipsis no derrota a la Mujer vestida de Sol: que el ataque del dragón tenga lugar en el cielo quiere decir que el nacimiento de Cristo y la impotencia del diablo frente a Él estaban predeterminados por Dios desde la eternidad. Porque, no lo olvidemos nunca: Cristo es el Señor de la historia.

---

300 ESCRIVÁ DE BALAGUER, JOSEMARÍA, *Amigos de Dios,* 36ª edición, Rialp, Madrid, 2021, p. 4.

301 BENEDICTO XVI, *Homilía,* Vigilia de oración con los jóvenes, en la XXVI Jornada Mundial de la Juventud en Madrid, del 20 de agosto de 2011.

302 N. del A.: Jesucristo es el *Kyrios.* Esta expresión de origen griego significa «Señor», «Maestro» «Amo», «Dueño».

ANEXOS

Devoción de los cinco primeros sábados de mes

En Pontevedra, como queda dicho más arriba, cumple la promesa hecha a los Pastorcitos el día trece de julio de mil novecientos diecisiete. Después de la visión del Infierno, la Virgen, Madre buena y preocupada por la salvación de sus hijos, les dice: «*Visteis el Infierno, a donde van las almas de los pobres pecadores; para salvarlos, Dios quiere establecer en el mundo la devoción a mi Inmaculado Corazón. Si hiciereis lo que yo os digo, se salvarán muchas almas y tendrán paz*».[303]

La Madre de Dios es fiel y cumple lo que promete. Y viene a la tierra y le dice a Lucia cuáles son las condiciones para hacer bien los Cinco Primeros sábados de mes:

— Meditar durante quince minutos los misterios del Santo Rosario.

— Confesarse ocho días antes u ocho días después del primer sábado.

— Comulgar en gracia de Dios, el mismo primer sábado o, de no poder hacerlo, por causas justificadas (por ejemplo: no se celebra la Santa Misa en el lugar donde uno está), podrá comulgar el domingo inmediato.

---

303   SOUSA SILVA, Manuel Fernando, *Los Pastorcitos de…, op. cit.,* p. 194.

El Santo Rosario es el arma poderosa que la Santísima Virgen puso en nuestras manos, para conseguir la paz: «*Se salvarán muchas almas y tendrán paz*».[304]

El Magisterio de los Sumos Pontífices nos ofrece un amplio panorama doctrinal sobre esta devoción, muy grata a la Santísima Virgen. Me detengo en San Juan Pablo II como maestro más reciente. No olvido la mención que hace el Vaticano II al Santo Rosario.

Por una falsa doctrina, se han dejado sentir voces contrarias a esta práctica. Responde San Juan Pablo II:

> «*La oportunidad de esta iniciativa se basa en diversas consideraciones. La primera se refiere a la urgencia de afrontar una cierta crisis de esta oración que, en el actual contexto histórico y teológico, corre el riesgo de ser infravalorada injustamente y, por tanto, poco propuesta a las nuevas generaciones. Hay quien piensa que la centralidad de la Liturgia, acertadamente subrayada por el Concilio Ecuménico Vaticano II, tenga necesariamente como consecuencia una disminución de la importancia del Rosario. En realidad, como puntualizó Pablo VI, esta oración no sólo no se opone a la Liturgia, sino que le da soporte, ya que la introduce y la recuerda, ayudando a vivirla con plena participación interior, recogiendo así sus frutos en la vida cotidiana.*
>
> *Quizás hay también quien teme que pueda resultar poco ecuménica por su carácter marcadamente mariano. En realidad, se coloca en el más límpido horizonte la Madre de Dios, tal como el Concilio ha establecido: un culto orientado al centro cristológico de la fe cristiana, de modo que «mientras es honrada la Madre, el Hijo sea debidamente conocido, amado, glorificado». Comprendido adecuadamente, el Rosario es una ayuda, no un obstáculo para el ecumenismo*».[305]

Y también nos dice el mismo San Juan Pablo II que el Santo Rosario es su arma preferida:

---

304   *Ibidem.*

305   JUAN PABLO II, Carta Apostólica *Rosarium Virginis Mariae,* 16 de octubre de 2002, n. 4.

«Yo mismo, después, no he dejado pasar ocasión de exhortar a rezar con frecuencia el Rosario. Esta oración ha tenido un puesto importante en mi vida espiritual desde mis años jóvenes. Me lo ha recordado mucho mi reciente viaje a Polonia, especialmente la visita al Santuario de Kalwaria. El Rosario me ha acompañado en los momentos de alegría y en los de tribulación. A él he confiado tantas preocupaciones y en él siempre he encontrado consuelo. Hace veinticuatro años, el 29 de octubre de 1978, dos semanas después de la elección a la Sede de Pedro, como abriendo mi alma, me expresé así: «El Rosario es mi oración predilecta. ¡Plegaria maravillosa! Maravillosa en su sencillez y en su profundidad. (...) Se puede decir que el Rosario es, en cierto modo, un comentario-oración sobre el capítulo final de la Constitución Lumen gentium *del Vaticano II, capítulo que trata de la presencia admirable de la Madre de Dios en el misterio de Cristo y de la Iglesia. En efecto, con el trasfondo de las Avemarías pasan ante los ojos del alma los episodios principales de la vida de Jesucristo. El Rosario en su conjunto consta de misterios gozosos, dolorosos y gloriosos, y nos ponen en comunión vital con Jesús a través —podríamos decir— del Corazón de su Madre. Al mismo tiempo nuestro corazón puede incluir en estas decenas del Rosario todos los hechos que entraman la vida del individuo, la familia, la nación, la Iglesia y la humanidad. Experiencias personales o del prójimo, sobre todo de las personas más cercanas o que llevamos más en el corazón. De este modo la sencilla plegaria del Rosario sintoniza con el ritmo de la vida humana».* [306]

San Pablo VI pondrá a la Santísima Virgen como modelo de fidelidad a Cristo y a la Iglesia. El culto de veneración (hiperdulía) a la Señora nada resta al culto de adoración (latría) a Nuestro Seños Jesucristo:

«Esta unión de la Madre con el Hijo en la obra de la redención alcanza su culminación en el calvario, donde Cristo a sí mismo se ofreció inmaculado a Dios (Heb 9,14) y donde María estuvo junto a la cruz (cf. Jn 19,15) sufriendo profun-

---

306   *Ibidem.*

damente con su Unigénito y asociándose con ánimo materno a su sacrificio, adhiriéndose con ánimo materno a su sacrificio, adhiriéndose amorosamente a la inmolación de la Víctima por Ella engendrada y ofreciéndola Ella misma al Padre Eterno. Para perpetuar en los siglos el Sacrificio de la Cruz, el Salvador instituyó el Sacrificio Eucarístico, memorial de su muerte y resurrección, y lo confió a la Iglesia su Esposa, la cual, sobre todo el domingo, convoca a los fieles para celebrar la Pascua del Señor hasta que El venga: lo que cumple la Iglesia en comunión con los Santos del cielo y, en primer lugar, con la bienaventurada Virgen, de la que imita la caridad ardiente y la fe inquebrantable».[307]

Finalmente, es digno de mención un texto de San León Magno, citado por San Pablo VI:

> *«Justamente los antiguos Padres enseñaron que la Iglesia prolonga en el sacramento del Bautismo la Maternidad virginal de María. Entre sus testimonios nos complacemos en recordar el de nuestro eximio Predecesor San León Magno, quien en una homilía natalicia afirma: El origen que (Cristo) tomó en el seno de la Virgen, lo ha puesto en la fuente bautismal: ha dado al agua lo que dio a la Madre; en efecto, la virtud del Altísimo y la sombra del Espíritu Santo (cf. Lc 1,35), que hizo que María diese a luz al Salvador, hace también que el agua regenere al creyente. Queriendo beber (cf. Lev 12,6-8), un misterio de salvación relativo en las fuentes litúrgicas, podríamos citar la* Illatio *de la liturgia hispánica: Ella (María) llevó la Vida en su seno, ésta (la Iglesia) en el bautismo. En los miembros de aquélla se plasmó Cristo, en las aguas bautismales el regenerado se reviste de Cristo».*[308]

> *«Mi Madre es el agente de toda curación, el instrumento escogido del Espíritu Santo para la restauración de la vida, la luz y la unidad en cada lugar e instancia o instancia donde estos son escasos. Hasta que esta disposición soberana de Mi Padre sea reconocida y confesada, no habrá sanación,*

---

307   PABLO VI, Exhortación Apostólica *Marialis Cultus,* 2 de febrero de 1974, n. 20.

308   *Ibídem,* n. 19.

purificación y santificación del sacerdocio y de la Iglesia, por lo que tantas almas trabajan y se ofrecen a sí mismas. Ninguno de estos objetivos puede ser obtenido por medios humanos o incluso espirituales, a parte del rol que le pertenece a Mi Madre y a ningún otro, porque Ella sola es la Inmaculada —y, por lo tanto, es el único instrumento humano apto para los trabajos del Espíritu Santo—. Ahora ves un poco mejor por qué la consagración a Mi Madre no sólo es deseable y digna de alabanza, sino que es realmente necesaria. Es la condición por la cual se dará la realización de Mis promesas en las almas y en la Iglesia, y especialmente en el sacerdocio- pero continuará siendo frustrada y retrasada».[309]

Como hijos fieles y obedientes unámonos al Corazón Inmaculado de María para honrarla, demostrarle nuestro cariño y contribuir, desde nuestra pequeñez, a la salvación de las almas. Con nuestra Consagración a su Corazón Inmaculado.

309   Un Monje Benedictino, *In sinu Iesu,* Angélico Press, Nueva York, 2016, pp. 101-102.

PRIMER SÁBADO DE MES (I)

MISTERIOS GOZOSOS

PRIMER MISTERIO: LA ENCARNACIÓN DEL SEÑOR

A nuestro Padre Dios le importamos mucho. Nos creó por amor y nos quiere junto a Él por toda la eternidad. Somos fruto de un pensamiento eterno de Dios. En consecuencia, quiso redimirnos y no dudó mandar a su Hijo a la tierra y tomar carne en las entrañas purísimas de Santa María.

SEGUNDO MISTERIO: LA VISITACIÓN DE NUESTRA SEÑORA A SU PRIMA, SANTA ISABEL

Aprender de nuestra Madre a servir desinteresadamente a nuestro hermano, al que necesita. Tener oído de madre para descubrir las necesidades de quien convive con nosotros. No pensemos nunca que servir resta o roba «mi tiempo». Una sonrisa, un detalle de amabilidad, una llamada telefónica, una visita…

TERCER MISTERIO: JESÚS NACE EN BELEN DE JUDÁ

Pido a Santa María que haga mi corazón cada día más semejante a Belén: un lugar acogedor, limpio, abnegado, alegre…donde Jesús se sienta a gusto, acogido, en unidad con Santa María y San José. Que aprenda a ser el burrito fiel que da calor al Niño Dios.

CUARTO MISTERIO: LA PRESENTACIÓN DE JESÚS EN EL TEMPLO Y LA PURIFICACIÓN DE NUESTRA SEÑORA.

La Santísima Virgen sabe que el Hijo que presenta es de Dios. En su humildad, se acerca al Templo para rescatarlo, como lo manda la Ley. Y da gracias. Que yo sepa entregar mi vida por amor y en obediencia. Incluso en lo más pequeño, en lo que parece no tener importancia. El amor hace grande lo pequeño.

QUINTO MISTERIO: JESÚS PERDIDO Y HALLADO EN EL TEMPLO.

Mi trabajo es buscar cada día, en el desarrollo de mi vida diaria, a Jesús. A veces, parece ocultarse, como perdido. Se oculta para que me dé cuenta que lo necesito. Abrir de par en par las puertas de mi corazón para que pueda entrar sin necesidad de llamar. El amor no soporta el silencio de la ausencia.

MISTERIOS DE LUZ

PRIMER MISTERIO: EL BAUTISMO DEL SEÑOR EN EL JORDÁN

Dios Padre nos revela a su Hijo, a su Hijo «el amado», a su Hijo único, para que le escuchemos, porque sólo Él tiene la palabra que no pasa y nos conduce por el camino seguro a la vida eterna. O vivimos para la gloria de Dios o nuestra vida es hoja que lleva el viento camino de la perdición eterna. Repitamos: Gloria al Padre, gloria al Hijo, gloria al Espíritu Santo.

SEGUNDO MISTERIO: JESÚS SE AUTOREVELA EN LAS BODAS DE CANÁ

Rezar, cada día, para que haya matrimonios que descubran que su camino es camino de santidad, es vocación divina. Que inviten a Jesús a vivir con ellos. Que abran su hogar a la vida. Que acojan cada hijo como un regalo de Dios. Y que conduzcan a cada uno de ellos al cielo, donde el Padre Dios los espera.

TERCER MISTERIO: JESÚS PREDICA EL REINO Y LLAMA A LA CONVERSIÓN

Meditar cada día la Palabra de Dios sacando propósitos concretos, precisos que orienten mi vida hacia Dios. Formar, con la lectura de buenos libros, mi inteligencia para ser buen instrumento en las manos de Dios. Así seré luz y sal para mis hermanos. Tener siempre a punto un buen consejo que ayude a quien lo necesita.

CUARTO MISTERIO: JESÚS SE TRANSFIGURA EN EL MONTE TABOR

Jesús muestra a los suyos un pedacito de Cielo. Les da un adelanto de la bienaventuranza para fortalecer su voluntad y animar la esperanza. Lo necesitan. Va a anunciarles que tendrán que seguirle por el camino de la Cruz. Camino que Él mismo emprenderá cuando suba a Jerusalén. Nadie puede seguir a Jesús si no toma su cruz con amor.

QUINTO MISTERIO: JESÚS INSTITUYE LA EUCARISTÍA

La mayor locura de amor: se va, pero se queda. No quiere dejarnos huérfanos. Quiere caminar con nosotros, siendo nuestra fortaleza, nuestro alimento en el duro caminar diario. Hemos de dar gracias, adorarlo, acompañarlo en el Sagrario, desagraviar los sacrilegios, las indiferencias y las profanaciones con que es ofendido.

MISTERIOS DOLOROSOS

PRIMER MISTERIO: LA ORACIÓN DE JESÚS EN EL HUERTO

Son tus pecados y los míos los que hacen sufrir a Jesús en el Huerto. Tiene presentes cada uno de mis pecados y le hago sufrir hasta sudar sangre. Es tal el asco que le producen mis infidelidades, mis faltas de correspondencia a sus requiebros de amor… Repite, por amor y obediencia, una y otra vez: *«No se haga mi voluntad, si no la tuya, Padre»*. Tú y yo tenemos que identificar nuestra voluntad rebelde con la voluntad obediente de Jesús.

SEGUNDO MISTERIO: LA FLAGELACIÓN DE JESÚS

Soy yo, yo mismo, quien animo a los verdugos a que azoten a Jesús sin piedad, con saña, con odio. Yo estaba allí con cada uno de mis pecados, de mis omisiones, de mis escándalos. Jesús me veía a mí con la mirada de cariño, de comprensión, de súplica con que miró a Pedro, a Judas, a los dos ladrones crucificados con Él. Ama y desagravia.

TERCER MISTERIO: JESÚS ES CORONADO CON ESPINAS

Inmenso, recio, el dolor lo produce cada espina que se clava, inmisericorde en la sien de nuestro Señor. Cada espina, eco del griterío blasfemo de la soldadesca, se la clavo, yo mismo, al dulce Jesús con mis faltas entrega, de indiferencia ante las blasfemias e ingratitudes, de tantas veces como no supe o no quise acompañarle en la soledad del Sagrario.

CUARTO MISTERIO: JESÚS CON LA CRUZ A CUESTAS CAMINO DEL CALVARIO

Jesús camina cada día a mi lado ayudándome a llevar la Cruz. Él la lleva por mí. El, la carga, cuando yo reúso llevarla. Me pesa la cruz y pienso que voy sin compañía, sólo. No es verdad. Cuando más pienso que voy sólo es cuando Jesús la lleva por mí. Jesús, que descubra tu cariño sin alardes, compañía silenciosa. Y que sepa reparar con actos de amor mis pecados.

QUINTO MISTERIO: JESÚS MUERE EN LA CRUZ

Jesús, que sepa contemplar tu cruz, tu cuerpo colgado del madero, tu última gota de sangre derramada por mí. Que sepa descubrir el infinito amor que me muestras. Que me duela tanta ofensa, tanta indiferencia mía en mi caminar lejos de Ti. Tú has hecho todo esto por mí. Yo, ¿qué estoy haciendo por Ti.

MISTERIOS DE GLORIA

PRIMER MISTERIO: LA RESURRECCIÓN DE JESÚS

Esta tierra no es mi casa. No tengo en este mundo morada permanente. Estoy de paso hacia la Casa de mi Padre. En consecuencia: no vivir para esta tierra, no atesorar donde le orín y la polilla destruyen los tesoros. Atesorar para el Cielo. Es decir, vivir con amor cada instante de mi existencia terrena.

SEGUNDO MISTERIO: LA ASCENSIÓN DE JESÚS AL CIELO

He de vivir con los pies muy en la tierra y el corazón plenamente en el Cielo. Plenamente en la tierra porque he de transformar con Amor lo que el odio envileció. Solo el Amor redime, transforma, llena de sentido. Y solo vale la pena vivir, si se vive por Amor: El Amor hace nuevas todas las cosas.

TERCER MISTERIO: LA VENIDA DEL ESPÍRITU SANTO SOBRE LOS APÓSTOLES Y MARÍA SANTÍSIMA

El Espíritu Santo, Tercera Persona de la Santísima Trinidad, es el encargado de la santificación de mi alma. Quiere hacer morada en ella con el cortejo de sus Dones y de sus Frutos. Por mi parte, exige hacer silencio interior para escuchar sus requiebros de amor. No impone, sugiere, invita respetando mi libertad. ¡Ven, Espíritu Santo!

CUARTO MISTERIO: LA ASUNCIÓN DE NUESTRA SEÑORA EN CUERPO Y ALMA AL CIELO

Pido a la Santísima Virgen que me refugie bajo su manto y me lleve al Cielo. Que me arrebate el amor a Ella para que no me entretenga con los atractivos del borde del camino y la pierda de vista. He de ser como el turista que ve, pero no se deja atar. Ha de caminar firme con la mirada puesta en la meta.

QUINTO MISTERIO: LA CORONACIÓN DE SANTA MARÍA COMO REINA Y SEÑORA DE TODO LO CREADO

Reina y Señora porque supo amar con plenitud de entrega. Todo para Dios, mi Señor. Nada había en el alma de Santa María que no perteneciese a su Señor. Dejó que el Espíritu Santo, su divino Esposo, forjase en su alma el Sueño de Dios Padre, quien desde toda la eternidad soñó para Ella. Se dejó moldear con perfecta obediencia. No quiso hacer la Voluntad de Dios, más bien, dejó que la Voluntad de Dios se hiciese en Ella.

PRIMER SÁBADO DE MES (II)

MISTERIOS GOZOSOS

PRIMER MISTERIO: LA ENCARNACIÓN DEL HIJO DE DIOS

«Así pues, ya comáis, ya bebáis, ya hagáis cualquier cosa, hacedlo todo para la gloria de Dios» (1Cor 10,31). Tú y yo hemos de vivir así. Buscando siempre el honor de Dios: *«Al Rey, la hacienda y la vida se ha de dar, pero el honor es patrimonio del alma, y el alma solo es de Dios».*[310] Para eso y para la salvación de las almas se encarnó Jesús: *« Yo no busco mi gloria»* (Jn 8,50).

SEGUNDO MISTERIO: LA VISITACIÓN DE NUESTRA SEÑORA A SU PRIMA, SANTA ISABEL

La Virgen no se detiene, ensimismada, en el don recibido. Sale de inmediato a servir. Es consciente de que esa es su misión: llevar la gracia salvadora al Precursor. Así hemos de comportarnos tú y yo: no esconder la luz, sino ponerla en el candelero para que alumbre a quienes pasan a nuestro lado: ser luz y ser sal.

---

310   CALDERÓN DE LA BARCA, PEDRO, *El alcalde de Zalamea,* 14ª edición, Cátedra, Madrid, 2009, nn. 872-876.

TERCER MISTERIO: JESÚS NACE EN BELÉN DE JUDÁ

Jesús nace en Belén. En una cueva y es envuelto en pañales, con todo cariño. Y recostado en un pesebre, comedero de los animales. Los pañales nos remiten al Calvario: Jesús será envuelto en una sábana nueva y limpia. El pesebre nos lleva a Jesús que es el Alimento de nuestras almas en la Sagrada Eucaristía. Adoremos.

CUARTO MISTERIO: JESÚS ES PRESENTADO EN EL TEMPLO Y LA PURIFICIÓN DE NUESTRA SEÑORA

Simeón le dirá que el Niño está puesto para ser signo de contradicción y será para Santa María una espada que romperá su corazón de Madre. María no entiende, pero guarda todo en su corazón de Madre y lo lleva a su trato con Dios en la oración. Acepta, obedece, calla y confía.

QUINTO MISTERIO: JESÚS, PERDIDO Y HALLADO EN EL TEMPLO

Perder a su divino Hijo es un puñal que hiere el Corazón Inmaculado de María. Es un trocito de la Cruz que ha de llevar en íntima unión con Jesús, asociada como está a la Redención. Tú y yo, cuando ofendemos a Dios por el pecado mortal, hemos de sentir el dolor de la pérdida, el dolor de haber ofendido al Amor de los Amores. ¿Buscas a Jesús hasta encontrarlo? ¿Acudes rápidamente a la Confesión?

MISTERIOS DE LUZ

PRIMER MISTERIO: EL BAUTISMO DE JESÚS EN JORDÁN

El Bautismo de Jesús en el Jordán pone de manifiesto dos verdades de nuestra Fe y un mandato. Dos verdades que forman parte del Credo que hemos de profesar, si queremos llegar al Cielo: Creo en Dios, Padre, Hijo y Espíritu Santo. Creo que Jesús, nacido de Santa María, es el Hijo de Dios, Dios, por tanto, de la misma naturaleza que el Padre y el Espíritu Santo. Y un mandato: *«Escuchadle»*.

SEGUNDO MISTERIO: JESÚS SE AUTOREVELA EN LAS BODAS DE CANÁ

La Virgen María, Madre de Jesús, en la boda, acompaña a su Hijo. Es la Madre y está presente. Vive la vida ordinaria manifestando su cariño a los nuevos esposos. Y adelanta la HORA. Intercede ante su Hijo y arrebata el primer milagro al Salvador. No era la Hora. No importa: María, siempre atenta a las necesidades de los demás, intercede y logra el Milagro. Y nos da un consejo: *«Haced lo que Él os diga»*.

TERCER MISTERIO: JESÚS PREDICA EL REINO Y LLAMA A LA CONVERSIÓN

«Mi doctrina no es mía, sino del que me envió. Si alguno quiere hacer la voluntad de Aquél, sabrá si mi doctrina es de

159

Dios o si Yo hablo por mí mismo» (Jn 7, 16-17). Jesús es «el Hijo amado» en quien el Padre se complace. Es el camino único para llegar al Padre. El Espíritu Santo, que Jesús nos envía, es el Maestro para entender y vivir la Palabra de Dios. Escucharle es senda segura de salvación. No basta oírle.

CUARTO MISTERIO: JESÚS SE TRANSFIGURA EN EL MONTE TABOR

Jesús sigue su camino hacia la Cruz. Para esto ha venido: para dar su vida en rescate por muchos, para tomar sobre sí los pecados tuyos y míos y triturarlos con su muerte por amor. Así se lo dirá a los suyos. Pero antes, fortalece su alma enseñándoles un poquito del Cielo. Para que sean valientes y fuertes. Jesús les da el remedio antes de la enfermedad. Detalle de cariño.

QUINTO MISTERIO: JESÚS INSTITUYE LA EUCARISTÍA

La Eucaristía es sacrificio, entrega de Jesús como ofrenda y comunión: *«El Señor Jesús, la noche en que fue entregado (1Co 11, 23), instituyó el Sacrificio eucarístico de su cuerpo y de su sangre. Las palabras del apóstol Pablo nos llevan a las circunstancias dramáticas en que nació la Eucaristía. En ella está inscrito de forma indeleble el acontecimiento de la pasión y muerte del Señor. No sólo lo evoca, sino que lo hace sacramentalmente presente. Es el sacrificio de la Cruz que se perpetúa por los siglos»*.[311]

---

311 JUAN PABLO II, Carta Encíclica *Ecclesia de Eucharistia,* 17 de abril de 2003, n. 11.

MISTERIOS DOLOROSOS

PRIMER MISTERIO: LA ORACIÓN DE JESÚS EN EL HUERTO

Jesús es la suma pureza. *« Y el que me envió está conmigo. Él no me dejó solo, porque Yo hago siempre lo que le agrada»* (Jn 8,29). Al hacerse pecado por nosotros, cargando con todos los pecados míos y tuyos, se sabe rechazado por el Padre. Lo dirá en la Cruz: *«Padre, ¿por qué me has abandonado?»* (Mt 27,46). Y suda sangre. Son tus pecados y los míos los que le hacen saberse abandonado del Padre.

SEGUNDO MISTERIO: LA FLAGELACIÓN DE JESÚS, ATADO A LA COLUMNA

No son los verdugos los que azotan, con saña, al Redentor. Eres tú, soy yo. Cada pecado tuyo, cada pecado mío, es un latigazo sin compasión en el Cuerpo Sacrosanto del Señor. La fuerza con la que cargan los verdugos contra el Cuerpo del Señor, somos tú yo que los animamos a azotar con fuerza, sin compasión. Repara y pide perdón.

TERCER MISTERIO: JESUS ES CORONADO CON ESPINAS

«Déjame, abuelo, quitarle las espinas que hacen pupa a Jesús», decía un niño pequeño, cada vez que entraba en la iglesia y veía para el crucifijo. Y rompía a llorar a lágrima

viva. No sé qué habrá sido de este niño. Es ejemplo para mí. Le duele y quiere reparar. Seamos tú y yo como este niño: lloremos nuestros pecados.

CUARTO MISTERIO: JESÚS CARGA CON LA CRUZ, CAMINO DEL CALVARIO

«Si alguno quiere venir en pos de Mí, niéguese a sí mismo, tome su cruz y sígame» (Mt 16, 24). No obliga Jesús, invita. Respeta tu libertad y la mía. No quiere esclavos a su servicio. Quiere corazones que correspondan a su amor. Sin libertad no hay amor. *«El amor ha de ser libre. Con libertad ha de entregar las potencias a lo amado; que el alcaide no da el castillo cuando por fuerza se lo quitan».*[312]

QUINTO MISTERIO: JESÚS MUERE EN LA CRUZ

Jesús muere pidiendo al Padre que nos perdone porque no sabemos lo que hacemos: *«Predicamos una sabiduría de Dios, la escondida en el misterio, la que Dios predestinó antes de los siglos para gloria nuestra, aquella que ninguno de los príncipes de este mundo conoció. Porque si la hubieran conocido no hubieran crucificado nunca al Señor de la Gloria»* (1Cor 2,7-8).

---

312 ALEMÁN, MATEO, *Guzmán de Alfarache*, edición de José María Micó, Editorial Cátedra, Madrid, 2004, p. 169.

MISTERIOS DE GLORIA

PRIMER MISTERIO: LA RESURRECCIÓN DEL SEÑOR

«La fe de los cristianos —afirma san Agustín— es la resurrección de Cristo. Los Hechos de los Apóstoles lo explican claramente: Dios dio a todos los hombres una prueba segura sobre Jesús al resucitarlo de entre los muertos (Hch 17,31). En efecto, no era suficiente la muerte para demostrar que Jesús es verdaderamente el Hijo de Dios, el Mesías esperado (...). La muerte del Señor demuestra el inmenso amor con el que nos ha amado hasta sacrificarse por nosotros; pero sólo su resurrección es «prueba segura», es certeza de que lo que afirma es verdad, que vale también para nosotros, para todos los tiempos».[313]

SEGUNDO MISTERIO: LA ASCENSIÓN DE JESÚS AL CIELO

Jesús asciende, rodeado de la Corte Celestial, a tomar posesión del Reino, junto a su Padre Dios, para siempre. Quedan fuera de sí los apóstoles. Ha de venir un Ángel a decirles: *«Varones de Galilea, ¿qué estáis mirando al cielo? Este Jesús que de en medio de vosotros os ha sido arrebatado al cielo, vendrá de la misma manera que le habéis visto ir al cielo»* (Hch 1,11). Por tanto: id y predicad por el mundo entero. Sed luz. Sed sal.

---

313   BENEDICTO XVI, *Audiencia general*, 26 de marzo de 2008.

TERCER MISTERIO: LA VENIDA
DEL ESPÍRITU SANTO

«El mundo tiene necesidad de esta renovación. En muchas de nuestras sociedades, junto a la prosperidad material, se está expandiendo el desierto espiritual: un vacío interior, un miedo indefinible, un larvado sentido de desesperación. ¿Cuántos de nuestros semejantes han cavado aljibes agrietados y vacíos (cf. Jr 2,13) en una búsqueda desesperada de significado, de ese significado último que sólo puede ofrecer el amor? Éste es el don grande y liberador que el Evangelio lleva consigo: él revela nuestra dignidad de hombres y mujeres creados a imagen y semejanza de Dios. Revela la llamada sublime de la humanidad, que es la de encontrar la propia plenitud en el amor. Él revela la verdad sobre el hombre, la verdad sobre la vida».[314]

CUARTO MISTERIO: LA ASUNCIÓN
DE LA SANTÍSIMA VIRGEN EN CUERPO
Y ALMA AL CIELO

«Al contemplar a la Virgen María se nos da otra gracia: la de poder ver en profundidad también nuestra vida. Sí, porque también nuestra existencia diaria, con sus problemas y sus esperanzas recibe luz de la Madre de Dios, de su itinerario espiritual, de su destino de gloria: un camino y una meta que pueden y deben llegar a ser, de alguna manera, nuestro mismo camino y nuestra misma meta. [...] María es el arca de la alianza, porque acogió en sí a Jesús; acogió en sí la Palabra viva, todo el contenido de la voluntad de Dios, de la verdad de Dios; acogió en sí a Aquel que es la Alianza nueva y eterna, que culminó con la ofrenda de su cuerpo y de su sangre: cuerpo y sangre recibidos de María. Con razón, por consiguiente, la piedad cristiana, en las letanías en honor de la Virgen, se dirige a ella invocándola como Foederis Arca, *«Arca de la alianza»*, arca de la presencia de Dios, arca de la alianza de*

---

314   BENEDICTO XVI, *Homilía, XXIII Jornada Mundial de la Juventud en Sydney, Hipódromo de Randwick*, 20 de julio de 2008.

amor que Dios quiso establecer de modo definitivo con toda la humanidad en Cristo».[315]

QUINTO MISTERIO: LA CORONACIÓN DE LA SANTÍSIMA VIRGEN COMO REINA Y SEÑORA DE TODO LO CREADO

«Si tú y yo hubiéramos tenido poder, la hubiéramos hecho también Reina y Señora de todo lo creado. Una gran señal apareció en el cielo: una mujer con corona de doce estrellas sobre su cabeza. Vestido de sol. La luna a sus pies (Ap 12, 1). María, Virgen sin mancilla, reparó la caída de Eva: y ha pisado, con su planta inmaculada, la cabeza del dragón infernal. Hija de Dios, Madre de Dios, Esposa de Dios.

El Padre, el Hijo y el Espíritu Santo la coronan como Emperatriz que es del Universo. Y le rinden pleitesía de vasallos los Ángeles…, y los patriarcas y los profetas y los Apóstoles…, y los mártires y los confesores y las vírgenes y todos los santos…, y todos los pecadores y tú y yo».[316]

315 BENEDICTO XVI, *Homilía,* Santa Misa en la Solemnidad de la Asunción de la Virgen María a los Cielos, Castelgandolfo, 15 de agosto de 2011.

316 ESCRIVÁ DE BALAGUER, JOSEMARÍA, *El Santo Rosario*, 3ª edición, Rialp, Madrid, 2007.

PRIMER SÁBADO DE MES (III)

MISTERIOS GOZOSOS

PRIMER MISTERIO: LA ENCARNACIÓN DEL HIJO DE DIOS

Obediencia y Amor son inseparables. Si se obedece por amor el alma baila de alegría. Y encuentra, en el servicio, el gozo y la paz. Jesús, modelo para el alma, se hizo obediente. *«He aquí que he venido para hacer tu voluntad».* Y la obediencia es superior al sacrificio. Dios prefiere la obediencia al sacrificio: *«Y Samuel dijo: «¿Se complace el Señor tanto en holocaustos y sacrificios como en la obediencia a la voz del Señor? Entiende, el obedecer es mejor que un sacrificio, y el prestar atención, que la grasa de los carneros»»* (1Sam 15,22).

SEGUNDO MISTERIO: LA VISITACIÓN DE NUESTRA SEÑORA A SU PRIMA SANTRA ISABEL

El amor se manifiesta en el servicio, en estar atento a las necesidades de los demás, de quienes están a tu lado: *«El pensamiento de la muerte te ayudará a cultivar la virtud de la caridad, porque quizá ese instante concreto de convivencia es el último en que coincides con éste o con aquél...: ellos o tú, o yo, podemos faltar en cualquier momento».*[317]

---

317   ESCRIVÁ DE BALAGUER, JOSEMARÍA, *Surco,* 3ª edición, Rialp, Madrid, 2007, n. 895.

TERCER MISTERIO: JESÚS NACE EN BELÉN DE JUDÁ

El Hijo de Dios, por obediencia amorosa, nace en Belén de Judá en una cueva de animales. Por obediencia nace carente de todo bien material, de toda seguridad, en la más sola soledad. Tiene, es cierto, el cariñó de Santa María, el cariño de San José. Es el Rey de Reyes y ningún cortejo sale a recibirlo. Ama y obedece. Solo los pastores y los ángeles

CUARTO MISTERIO: LA PRESENTACIÓN DE JESÚS EN EL TEMPLO

La Virgen sabe que su camino en inmolarse por obediencia amorosa. Ella no tiene mancha alguna. Es la Madre del Redentor. Pero se pone en camino. Se presenta en el Templo como una más. No exige privilegio alguno ni recibimientos especiales. Paga el tributo que le corresponde como rescate del que es Señor y Dueño, Rey y sumo Sacerdote. Y María recibe el anuncio de lo que será su vida: sufrir por amor en comunión con Jesús.

QUINTO MISTERIO: JESÚS PERDIDO Y HALLADO EN EL TEMPLO

Y pierde a Jesús, el Amor de los Amores. El Hijo que le ha sido confiado. Y el corazón se le rompe de dolor. Y se lo dice a José. Y ambos desandan el camino. Se dirigen al Templo. Dirá como la esposa del Cantar de los Cantares (3,2): *«Pensé: «¡Me levantaré! ¡Recorreré la ciudad! Por las calles y las plazas buscaré al amor de mi vida». ¡Lo busqué, pero no pude encontrarlo!»».* La Madre buena, cariñosa y rota de dolor, lo encuentra. Y rompe en canto de alegría y acción de gracias. Busca tú a Jesús. Él está siempre a tu lado, aunque parezca que te ha dejado.

MISTERIOS DE LUZ

PRIMER MISTERIO: EL BAUTISMO DE JESÚS EN EL JORDÁN

«Se humilló a sí mismo [...] Por eso Dios lo sobre ensalzó y le otorgó el nombre sobre todo nombre [...] Jesucristo es el Señor para gloria de Dios Padre» (Fil 2,8.9.11). Jesús no vive para sí, su gloria no es suya. Vive para la gloria del Padre. Dios Padre lo exalta: *«Este es mi Hijo, mi Hijo único el amado, en quien me complazco. ¡Escuchadlo!»* (Lc 2,22). Sé humilde y Dios te elevará.

SEGUNDO MISTERIO: JESÚS SE AUTOREVELA EN LAS BODAS DE CANÁ

Jesús es el Amor de los Amores. Con su presencia en la Bodas de Caná, al mismo tiempo que nos enseña lo que es la vida ordinaria y el cariño humano, bendice el amor de aquellos esposos, instituye el Sacramento del Matrimonio y obsequia a los nuevos esposos con el Vino Nuevo del Reino. Vino Nuevo que remozará todas las cosas. El Amor elevado a la categoría de trasmisor de la gracia. Con la intervención de Santa María, Madre del Amor Hermoso.

TERCER MISTERIO: JESÚS PREDICA EL REINO Y LLAMA A LA CONVERSIÓN

No hay camino distinto al camino del Amor que lleva al Padre. Ausente el Amor, el alma se pierde arrastrada por las aguas tempestuosas del egoísmo. Dios es Amor y quiere que le sigan las almas que saben amar. *«Corazones partidos, yo no los quiero. Cuando doy el mío lo doy entero»*,[318] y sí para siempre.

CUARTO MISTERIO: JESÚS SE TRANSFIGURA EN EL MONTE TABOR

Se transfigurará por amor a los suyos, a los más íntimos, a los que le van a acompañar en el Huerto, aunque se queden dormidos y lo dejen solo en el Calvario,
Les mostrará unos destellos del Cielo, de la Gloria que tiene, como Hijo, en el seno de la Trinidad Beatísima. Y se lo muestra para que sean fuertes y valientes a la hora de tomar la Cruz. Lo harán después de la Resurrección. Entregarán su vida por Amor hasta el martirio.

QUINTO MISTERIO: JESÚS INSTITUYE LA EUCARÍSTÍA

No hay más Amor que el Amor: *«Nadie tiene amor más grande que el que da la vida por sus amigos»* (Jn 15,139. Y Jesús no sólo dio la vida, sino que se quedó en el Sagrario para ser alimento: *«¡Hoy he comido a Dios!»*. Qué bien lo sabía un niño de apenas seis años, el día de su primera Comunión, ¡Ojalá!, tú y yo seamos como este niño cuya fe y alegría sorprendió a sus padres. Y no solo a sus padres.

---

318   ESCRIVÁ DE BALAGUER, JOSEMARÍA, *Surco,* 99ª edición, Rialp, Madrid, 1989, n. 145.

MISTERIOS DE DOLOR

PRIMER MISTERIO: LA ORACIÓN DE JESÚS EN EL HUERTO

En el Huerto de los olivos estábamos tú y yo. Jesús nos tenía presentes. También conocía todos tus pecados y los míos. Y todo lo que tú y yo queríamos que nadie supiese. Y alguien le preguntó a su Ángel de la Guarda: «*¿Qué hacías tú en el Huerto de los olivos? - Le hablaba bien de ti a Jesús*». Gracias. Ángel mío, gracias por tu amor. El amor sabe disculpar siempre.

SEGUNDO MISTERIO: LA FLAGELACIÓN DEL SEÑOR

Jesús sufre por amor para perdonarnos, para hacernos gratos ante su Padre Dios. No lo olvides nunca: «*No hay pecado que pueda borrar completamente la imagen del Cristo presente en cada uno de nosotros. Ningún pecado puede cancelar esa imagen que Dios nos ha dado a nosotros. La imagen de Cristo. Puede desfigurarla, pero no puede quitarla de la misericordia de Dios*».[319]

---

319 FRANCISCO, *Audiencia General*, del 2 de diciembre de 2020, Biblioteca del Palacio Apostólico, Catequesis 17.

TERCER MISTERIO: JESÚS ES CORONADO CON ESPINAS

«*La corona de espinas, hincada a martillazos, le hace Rey de burlas... Ave Rex judaeorum!* —*Dios te salve, Rey de los judíos* (Mc 15,18). Y, a golpes, hieren su cabeza. Y le abofetean... y le escupen. Coronado de espinas y vestido con andrajos de púrpura, Jesús es mostrado al pueblo judío: *Ecce homo!* —*Ved aquí al hombre. Y de nuevo los pontífices y sus ministros alzaron el grito diciendo: ¡crucifícale, crucifícale!* (Jn 19,5-6). — *Tú y yo, ¿no le habremos vuelto a coronar de espinas, y a abofetear, y a escupir?*».[320]

CUARTO MISTERIO: JESÚS CARGA CON LA CRUZ CAMINO DEL CALVARIO

Jesús es Camino, Verdad y Vida. Y me invita*: Si alguno quiere venir en pos de mí...tome su cruz cada día* ¡cuántas vece, mi Jesús, no sólo llevo la Cruz, sino que cargo más tu cruz con mis pecados, con mis indiferencias, con mi desamor. *Perdón. Oh, Dios mío. Perdón e indulgencia, perdón y piedad.* Con Jesús, camino del Calvario no puedo más que pedir, una y otra vez: ¡Perdón y clemencia! ¡Perdón y piedad!

QUINTO MISTERIO: JESÚS MUERE EN LA CRUZ

¡Muchas gracias, Jesús mío, por cada gota de tu Sangre Preciosísima! «*Señor Jesús, Pelícano bueno, límpiame a mí, inmundo, con tu Sangre, de la que una sola gota puede liberar de todos los crímenes al mundo entero*».[321] Y has querido derramar

---

320   ESCRIVÁ DE BALAGUER, JOSEMARÍA, *El Santo Rosario*, *op. cit.*

321   N. del A.: Versículo del Himno *Adoro te devote*, de autoría atribuida a Santo Tomás de Aquino.

toda tu Sangre, no una sola gota. El Amor no tiene límites. Borra con su generosidad la tacañería tuya y mía. Sin embargo: «*El Amor no es amado*».[322] Corresponde tú con la entrega de tu vida al Amor de los amores.

322   Frase atribuida a San Francisco de Asís, mas es de Iacopone da Todi, *Lauda,* edición de Franco Mancini, Roma-Bari-Città di Castello, Gius Laterza & Figli, 1974, *Lauda* 39 (N. del A.).

MISTERIOS DE GLORIA

PRIMER MISTERIO: LA RESURRECCIÓN DE JESÚS

« Y si Cristo no ha resucitado, vana, por tanto, es nuestra predicación, y vana nuestra fe, y también somos hallados falsos testigos de Dios, porque atestiguamos contra Dios que resucitó a Cristo, a quien no resucitó, si es verdad que los muertos no resucitan; porque si los muertos no resucitan, tampoco Cristo ha resucitado. Y si Cristo no ha resucitado, vuestra fe es vana, aún estáis en vuestros pecados» (1Cor 15,14-17).

¡Gracias, Jesús, porque puedo confesar con toda la Iglesia: *«Creo en la resurrección de la carne y en la vida eterna!»*.[323]

SEGUNDO MISTERIO: LA ASCENSIÓN DE JESÚS A LOS CIELOS

«Os conviene que yo me vaya, porque, si no me voy, el Intercesor no vendrá a vosotros, y si me voy, os lo enviaré» (Jn 16,7). Jesús se va al Padre para enviarnos al Espíritu Santo. Él es quien, con sus dones y frutos, nos santifica, nos hace partícipes de la misma vida de Dios mediante la gracia santificante: *«La gracia santificante es el don gratuito que Dios nos hace de su vida, infundida por el Espíritu Santo en nuestra alma para curarla del pecado y santificarla. La gracia santificante nos hace agradables a Dios»*.[324]

---

323 CATECISMO DE LA IGLESIA CATÓLICA, *op. cit.*, nn. 992ss.
324 *Ibidem*, n. 1999.

TERCER MISTERIO: LA VENIDA DEL ESPÍRITU SANTO SOBRE LOS APÓSTOLES

Y nos envía el Espíritu Santo para que sea mi fortaleza que me ayude al caminar y mi amor para que sepa hacer sagradas todas las cosas:

> *«¡Ven, oh Santo Espíritu!: ilumina mi entendimiento, para conocer tus mandatos: fortalece mi corazón contra las insidias del enemigo: inflama mi voluntad… He oído tu voz, y no quiero endurecerme y resistir, diciendo: después…, mañana.* Nunc coepi! *¡Ahora!, no vaya a ser que el mañana me falte. ¡Oh, Espíritu de verdad y de sabiduría, Espíritu de entendimiento y de consejo, Espíritu de gozo y de paz!: quiero lo que quieras, quiero porque quieres, quiero como quieras, quiero cuando quieras…».*[325]

CUARTO MISTERIO: LA ASUNCIÓN DE NUESTRA SEÑORA EN CUERPO Y ALMA AL CIELO

Jesús, como buen hijo, no puede estar sin su Madre en el Cielo. Nos quiere mucho. Quería mucho a los suyos. Pero más quería a su Madre. Deseaba darle pronto la recompensa por una vida de total entrega, unida a la Cruz. Y se la llevó consigo:

> *«La Historia Eutiquiana nos dice luego, que los Apóstoles, después de la sepultura de la Virgen, oyeron durante tres días los coros angélicos; después nada más. Ahora bien, como Santo Tomás llegó tarde, abrieron la tumba y debieron comprobar que no estaba allí el sagrado cuerpo. Repuestos de su estupor, no acertaron los Apóstoles a inferir otra cosa, sino que Aquél que le plugo nacer de María, conservándola*

---

325   DEL PORTILLO, ÁLVARO, Entrevista sobre el fundador del Opus Dei, realizada por Cesare Cavalleri, 10ª edición, Rialp, Madrid, 1999. En ella se encuentra esta oración de San Josemaría al Espíritu Santo (N. del A.).

en su inviolable virginidad, se complació también en preservar su cuerpo virginal de la corrupción y en admitirlo en el Cielo antes de la resurrección general».[326]

Bendito Tomás quien por segunda vez llega tarde. Providencialmente tarde.

QUINTO MISTERIO: LA CORONACIÓN DE MARÍA SANTÍSIMA COMO REINA Y SEÑORA DE TODO LO CREADO

La Madre de Dios, coronada con una corona de doce estrellas, con la luna bajo sus pies, aplasta a Satanás y nos garantiza nuestro triunfo si acudimos a Ella y la invocamos de Corazón: *«Una gran señal apareció en el cielo: una mujer, vestida de sol, con la luna bajo sus pies, y una corona de doce estrellas sobre su cabeza»* (*Ap* 12,1). Finalmente, *«la Virgen inmaculada, preservada libre de toda mancha de pecado original, terminado el curso de su vida en la tierra, fue llevada a la gloria del cielo y elevada al trono por el Señor como Reina del universo, para ser conformada más plenamente a su Hijo, Señor de los Señores y vencedor del pecado y de la muerte».*[327] Nos espera con cariño de Madre buena. No la defraudemos. Seamos hijos fieles.

---

326   DAMASCENO, JUAN, *Historia eutiquiana*, Libro II, cap. 40, citado en «Documentos históricos sobre la Asunción», artículo electrónico disponible en Bibliografía.

327   CATECISMO DE LA IGLESIA CATÓLICA, *op. cit.*, n. 966.

PRIMER SÁBADO DE MES (IV)

MISTERIOS GOZOSOS

PRIMER MISTERIO: LA ENCARNACIÓN DEL HIJO DE DIOS

«Huyó de nuestra carne, la densa oscuridad, florece la luz nueva de Tu inmortalidad».[328] Porque Jesús es la Luz que barre la oscuridad, que destruye las tinieblas. Porque viene a redimirnos del pecado, que es la tiniebla. Cuando Judas sale para traicionar a Jesús, San Juan dice. *«Era ya de noche»* (Jn 13,10). El mismo Judas era la noche, nos dirá San Agustín.

SEGUNDO MISTERIO: LA VISITACIÓN DE NUESTRA SEÑORA A SU PRIMA SANTA ISABEL

La Madre de Jesús arde de impaciencia para manifestar que Jesús, el Mesías, ya habita en medio de nosotros. El amor no soporta el silencio. Y María emprende el camino lleno de dificultades para encontrarse con su prima Isabel. Y, Precursor y Enviado, se saludan desde el seno de sus respectivas madres. Y viven ya en las entrañas maternas. ¡Hay vida, son personas!

---

[328] Liturgia de las Horas, Vísperas, Himno de la Octava de Navidad.

TERCER MISTERIO: JESÚS NACE
EN BELÉN DE JUDÁ

«*Cor ad cor loquitur*». El corazón habla al corazón. Es el lenguaje de amor que lleva consigo ponerse en camino, salir de uno mismo para ser, como Jesús, Luz y Sal, camino que se utiliza y se olvida. Y el Padre manda un Coro de ángeles que cantan: «*¡Gloria a Dios en la tierra y paz a los hombres que son amados por la Trinidad Santísima!*».

CUARTO MISTERIO: JESÚS EN PRESENTADO
EN EL TEMPLO Y LA PURIFICACIÓN DE NUESTRA
SEÑORA

Santa María reconoce en su humildad, que el Niño no es suyo. Que no tiene mérito alguno. El Niño es de Dios. Y la Ley manda rescatarlo con dos tórtolas o dos pichones. Y no se presenta como la Gran Señora, sino como una hija de Israel más, en medio de las otras madres. También yo debo aprender de la humildad y sencillez de Santa María.

QUINTO MISTERIO: JESÚS PERDIDO Y HALLADO
EN EL TEMPLO

«*La actitud de Jesús al explicarles a sus padres dónde estaba y por qué se quedó en el templo nos muestra su firmeza en seguir la voluntad de su Padre celestial. Esta confianza absoluta en Dios y en su plan para su vida es un ejemplo para todos nosotros, recordándonos la importancia de estar en sintonía con la voluntad divina. Asimismo, la obediencia de Jesús a sus padres terrenales, al regresar con ellos a Nazaret y sujetarse a su autoridad, nos enseña la importancia de honrar a nuestros padres y de obedecer en amor, siguiendo el modelo de Jesús como hijo obediente tanto a Dios como a sus padres humanos*».[329]

---

329 BIBLIARED, *El niño Jesús perdido y hallado en el templo,* artículo electrónico disponible en Bibliografía.

MISTERIOS DE LUZ

PRIMER MISTERIO: EL BAUTISMO DE JESÚS EN EL JORDÁN

Los Pastorcitos de Fátima, en la primera aparición, reciben una Luz interior, que les hace verse inmersos en Dios, «que es esa Luz»: *«Entonces, por un impulso también íntimamente comunicado, caímos de rodillas y repetimos interiormente: Oh, Santísima Trinidad, yo os adoro. Dios mío, Dios mío, yo os amo en el Santísimo Sacramento».*[330] Repite con frecuencia esta oración. Crecerás en vida interior.

SEGUNDO MISTERIO: JESÚS SE AUTOREVELA EN LAS BODAS DE CANÁ

«A nosotros no nos asusta el amor humano, el amor santo de nuestros padres, del que se valió el Señor para darnos la vida. Este amor lo bendigo yo con las dos manos. No admito que ninguno de mis hijos deje de tener un gran amor al santo Sacramento del matrimonio. Por eso, cantamos sin miedo las canciones del amor limpio de los hombres, que son también coplas de amor humano a lo divino; y quienes hemos renunciado a ese amor de la tierra, por el Amor, no somos solterones: tenemos el corazón jugoso».[331]

---

330   SOUSA SILVA, Manuel Fernando, *Los Pastorcitos de…, op. cit.,* p. 165.
331   ESCRIVÁ DE BALAGUER, JOSEMARÍA, *Carta* n. 29, Rialp, Madrid, 1946.

TERCER MISTERIO: JESÚS PREDICA EL REINO Y LLAMA A LA CONVERSIÓN

Nuestro Señor dice de sí mismo que Él es Camino, Verdad y Vida. Dicho de otro modo: si queremos llegar a la meta, hemos de poner nuestros pies en las huellas que marcan sus pisadas sobre la tierra. Si queremos caminar en Verdad, hemos de formar nuestra cabeza con sus enseñanzas, que no pasan. Si queremos vivir, hemos de comer su Carne y beber su Sangre, alimento de eternidad: *«puesto que es en la celebración de este santo misterio donde el hombre se ofrece, juntamente con las ofrendas de la patena y del cáliz, por manos del sacerdote, como sacrificio agradable al Padre Celestial; donde el hombre, al igual que las ofrendas eucarísticas, por la gracia de Dios y la acción del Espíritu Santo, es transfigurado en hijo en el Hijo, Jesucristo, Primogénito del Padre»*.[332]

CUARTO MISTERIO: JESÚS SE TRANSFIGURA EN EL MONTE TABOR

«Jesús nos muestra un pedacito de Cielo, haciendo visible su Divinidad. El Paraíso es nuestra meta definitiva: para siempre, para siempre. Como premio, pero de modo especial para estar con el Padre, con el Hijo, con el Espíritu Santo, con nuestra Madre la Virgen María y con todos los santos: «El cielo: ni ojo alguno vio, ni oreja oyó, ni pasaron a hombre por pensamiento las cosas que tiene Dios preparadas para aquellos que le aman. ¿No te empujan a luchar esas revelaciones del Apóstol?».[333]

---

332   BALLESTEROS, JUAN DIEGO, *Alimento de vida* eterna, artículo electrónico disponible en Bibliografía.
333   ESCRIVÁ DE BALAGUER, JOSEMARÍA, *Camino, op. cit.,* n. 751.

QUINTO MISTERIO: JESÚS INSTITUYE LA EUCARISTÍA

«Debes aprender a permanecer en Mi presencia, a quedarte allí todo el tiempo que puedas, porque esta es la esencia misma de la vida a que te he llamado aquí. Cuando me dejas por otras cosas, estás comprometiendo la inmensa gracia que te he dado al traerte aquí para ser (…) adorador de Mi Rostro Eucarístico. La curación y la purificación de muchas almas (…) dependen de tu fidelidad a este llamado a la adoración y a la reparación».[334] Jesús tiene hambre de tu compañía. Visítalo en el Sagrario de tu Iglesia. Si no puedes, físicamente, al menos con el deseo. Jesús te llenará con su gracia. Saldrás renovado y con más fuerza para servirle a Él y las almas.

---

334 Un Monje Benedictino, *In sinu Iesu…, op. cit.*, pp. 116-117.

MISTERIOS DE DOLOR

PRIMER MISTERIO: LA ORACIÓN DE JESÚS EN EL HUERTO

Soledad de Jesús en el Huerto. Solo a solas con su Padre Dios. Hecho pecado, acusado por la Justicia divina. Y nadie le consuela. Ni los suyos, que habían prometido acompañarle. Nadie. Y el Divino Maestro, disculpa a los apóstoles, que se han quedado dormidos. Por tres veces acude a ellos y les pide que recen, que le acompañen. Tú y yo, a pesar de nuestros pecados queremos estar con Él en oración.

SEGUNDO MISTERIO: LA FLAGELACIÓN DEL SEÑOR

Jesús, objeto de burlas y de escarnio para la soldadesca. Silencio de Jesús ante tanta burla. Podía mostrar su poder. Pero le vence el amor que nos tiene a ti y a mí. Y reza al Padre. Y se ofrece también por los verdugos, por los que tanto daño le hacen. A Jesús le hacen sufrir más tus pecados y los míos que los azotes. Ama y repara.

TERCER MISTERIO: JESÚS ES CORONADO CON ESPINAS

Coronado como Rey de burlas. Juguete en manos de la soldadesca. El odio acumulado en los brazos de los verdugos no es otro que el odio de toda la humanidad, el odio tuyo y mío. Cuando pecamos nos burlamos de Jesús, despreciamos todo su Amor para con nosotros. Digámosle: *«Pequé, ya mi alma / sus culpas confiesa, / mil veces me pesa / de tanta maldad, / mil veces me pesa / de tanta maldad»*.

CUARTO MISTERIO: JESÚS CARGA CON LA CRUZ CAMINO DEL CALVARIO

No le pesa la cruz al Señor. Le pesan tus pecados y los míos. Le pesa la indiferencia, el odio, el sarcasmo de la chusma que le grita, que le insulta. Sólo la compasión de unas cuantas mujeres, la mirada de su Madre, le alivian el dolor. Tu amor y el mío a Jesús, mientras le acompañamos camino del Calvario, le hacen más llevadero el camino. No lo olvides y desagravia: *«Perdona a tu pueblo, Señor…»*.

QUINTO MISTERIO: JESÚS MUERE EN LA CRUZ

Jesús, entre el cielo y la tierra, grita: *«Padre, ¿por qué me has abandonado?»*. La Santísima Trinidad odia el pecado. Pero tiene compasión de los pecadores, que somos tú y yo. Y nos perdona, a cambio de la Víctima inmolada en la Cruz: Jesús. Ama la cruz, clávate en la cruz con Jesús y le ayudarás, le ayudaremos a co-redimir el pecado de los hombres, tus pecados y los míos.

MISTERIOS DE GLORIA

PRIMER MISTERIO: LA RESURRECCIÓN DEL SEÑOR

El sepulcro vacío es el argumento contundente que edifica nuestra fe. Jesús vive para siempre en el Cielo, junta a su Padre, Dios, para interceder por nosotros. No nos abandona. *«De repente sobrevino un gran terremoto, pues un ángel del Señor bajó del cielo y descorrió la piedra y sentó encima de ella. Era su aspecto como un relámpago, y su vestido como la nieve. (…) Sé que buscáis a Jesús, el que fue crucificado. No está aquí, porque ha resucitado según dijo: venid y ved el sitio donde yacía»* (Mt 28,2-3.5-7).

SEGUNDO MISTERIO: LA ASCENSIÓN DE JESÚS AL CIELO

Jesús se va a su Casa, a la Casa del Padre a recibir la coronación de su Obra. Y volverá como Juez de vivos y muertos, como Señor de Cielos y tierra: *«Después los sacó fuera hasta frente a Betania y, levantando las manos, les bendijo. Mientras los bendecía, se separó de ellos y fue elevado hacia el cielo. Ellos le adoraron y se volvieron con gran alegría a Jerusalén. Y estaban continuamente en el templo alabando y bendiciendo a Dios»* (Lc 24,50-53). Jesús vive en el Sagrario. Como los apóstoles, frecuentemos el Sagrario de nuestra Iglesia alabando y bendiciendo a Dios.

TERCER MISTERIO: LA VENIDA DEL ESPÍRITU SANTO SOBRE LOS APÓSTOLES

El Espíritu Santo, con sus siete Dones y sus doce Frutos, si le dejamos, nos llevará de la mano para la santificación de nuestra alma. Seamos dóciles a sus inspiraciones. Dejemos que Él, con mano fuerte, arranque lo que está manchado, ilumine lo que esta oscuro, encienda la llama en las brasas de nuestra tibieza y nos dé inteligencia para penetrar en las verdades de nuestra fe.

CUARTO MISTERIO: LA ASUNCIÓN DE NUESTRA SEÑORA EN CUERPO Y ALMA AL CIELO

No podía ser de otro modo. El cuerpo de Nuestra Señora, que fue hogar donde se encarnó el Verbo de la Vida, no podía pudrirse en el sepulcro. Y Jesús se lo llevó al Cielo. Es una verdad de nuestra fe: La Santísima Virgen, después de su tránsito por este mundo, fue llevada por los ángeles al Cielo, la Patria definitiva. Alegrémonos y gocemos con esta verdad.

QUINTO MISTERIO: LA CORONACIÓN E NUESTRA SEÑORA COMO REINA DE TODO LO CREADO

Deja que la Madre de Dios y Madre nuestra reine en tu corazón y en el mío. Corónala con la más preciosa de las coronas, formada por el oro de tus obras buenas hechas con Amor, con los rubíes de tus sufrimientos llevados con garbo, con las perlas de tus buenos consejos dados a quien los necesita, con las esmeraldas de las visitas a Jesús en el Sagrario. Y todo esto engarzado con la fidelidad de tu amor a Ella. *«Tomad, Virgen pura, nuestros corazones. No nos abandones, jamás, jamás»*.

PRIMER SÁBADO DE MES (V)

MISTERIOS DE GOZO

PRIMER MISTERIO: LA ENCARNACIÓN DEL HIJO DE DIOS

«El nacimiento de Jesús hace visible el misterio de la Encarnación, que se realizó ya en el seno de la Virgen en el momento de la Anunciación. En efecto, nace el niño que ella, instrumento dócil y responsable del plan divino, concibió por obra del Espíritu Santo. A través de la humanidad que tomó en el seno de María, el Hijo eterno de Dios comienza a vivir como niño y crece en sabiduría, en estatura y en gracia ante Dios y ante los hombres (Lc 2,52). Así se manifiesta como verdadero hombre.

San Juan, en el prólogo de su evangelio, subraya esta misma verdad, cuando dice: El Verbo se hizo carne, y puso su morada entre nosotros (Jn 1,14). Al decir se hizo carne, el evangelista quiere aludir a la naturaleza humana, no sólo en su condición mortal, sino también en su totalidad. Todo lo que es humano, excepto el pecado, fue asumido por el Hijo de Dios. La Encarnación es fruto de un inmenso amor, que impulsó a Dios a querer compartir plenamente nuestra condición humana.

El hecho de que el Verbo de Dios se hiciera hombre produjo un cambio fundamental en la condición misma del tiempo. Podemos decir que, en Cristo, 'el tiempo humano se colmó de eternidad'».[335]

---

335 JUAN PABLO II, *Audiencia General*, 10 de diciembre de 1997, *La Encarnación, ingreso de la eternidad en el tiempo*, nn. 1-2.

SEGUNDO MISTERIO: LA VISITACIÓN DE NUESTRA SEÑORA A SU PRIMA SANTA ISABEL

«La dirección del viaje de la Virgen santísima es particularmente significativa: será de Galilea a Judea, como el camino misionero de Jesús (cf. Lc 9,51). En efecto, con su visita a Isabel, María realiza el preludio de la misión de Jesús y, colaborando ya desde el comienzo de su maternidad en la obra redentora del Hijo, se transforma en el modelo de quienes en la Iglesia se ponen en camino para llevar la luz y la alegría de Cristo a los hombres de todos los lugares y de todos los tiempos. El encuentro con Isabel presenta rasgos de un gozoso acontecimiento salvífico, que supera el sentimiento espontáneo de la simpatía familiar. Mientras la turbación por la incredulidad parece reflejarse en el mutismo de Zacarías, María irrumpe con la alegría de su fe pronta y disponible: Entró en casa de Zacarías y saludó a Isabel (Lc 1,40)».[336]

TERCER MISTERIO: JESÚS NACE EN BELÉN

«Para cumplir el decreto del emperador César Augusto, que ordenaba registrarse en el censo del propio pueblo de procedencia, José y María van de Nazaret a Belén. Nada más llegar, buscan en seguida alojamiento, porque el parto es inminente; pero lamentablemente no lo encuentran, y entonces María se ve obligada a dar a luz en un pesebre (cf. Lc 2,1-7). (…) Pensemos: ¡el Creador del universo… a Él no le fue concedido un lugar para nacer! Quizá fue una anticipación de lo que dice el evangelista Juan: «Vino a su casa, y los suyos no lo recibieron» (Jn 1,11); y de lo que Jesús mismo dirá: «Las zorras tienen guaridas, y las aves del cielo nidos; pero el Hijo del hombre no tiene donde reclinar la cabeza» (Lc 9,58). Fue un ángel quien anunció el nacimiento de Jesús, y lo hizo a los pastores humildes. Y fue una estrella la que indicó a los Magos el camino para llegar a Belén (cf. Mt 2,1.9-10). El ángel es un mensajero de Dios. La estrella recuerda que Dios creó la luz (Gen 1,3) y que ese Niño será «la luz del mundo», como

---

336   JUAN PABLO II, *Audiencia General,* 2 de octubre de 1996.

Él mismo se autodefinirá (cf. Jn 8,12.46), «la luz verdadera [...] que ilumina a todo hombre (Jn 1,9), que brilla en las tinieblas y las tinieblas no la vencieron».[337]

CUARTO MISTERIO: LA PRESENTACIÓN DE JESÚS EN EL TEMPLO Y LA PURIFICACIÓN DE NUESTRA SEÑORA

«La primera persona que se asocia a Cristo en el camino de la obediencia, de la fe probada y del dolor compartido, es su madre, María. El texto evangélico nos la muestra en el acto de ofrecer a su Hijo: una ofrenda incondicional que la implica personalmente: María es Madre de Aquel que es «gloria de su pueblo Israel» y «luz para alumbrar a las naciones», pero también «signo de contradicción» (cf. Lc 2,32.34). Y a ella misma la espada del dolor le traspasará su alma inmaculada, mostrando así que su papel en la historia de la salvación no termina en el misterio de la Encarnación, sino que se completa con la amorosa y dolorosa participación en la muerte y resurrección de su Hijo. Al llevar a su Hijo a Jerusalén, la Virgen Madre lo ofrece a Dios como verdadero Cordero que quita el pecado del mundo; lo pone en manos de Simeón y Ana como anuncio de redención; lo presenta a todos como luz para avanzar por el camino seguro de la verdad y del amor».[338]

QUINTO MISTERIO; JESÚS PERDIDO Y HALLADO EN EL TEMPLO

«¿Dónde está Jesús? —Señora: ¡el Niño!... ¿dónde está?
Llora María. —Por demás hemos corrido tú y yo de grupo en grupo, de caravana en caravana: no le han visto.

337 FRANCISCO, *Audiencia General,* 22 de diciembre de 2021, *El nacimiento de Jesús.*

338 BENEDICTO XVI, *Homilía,* 2 de febrero de 2006, Fiesta de la Presentación del Señor - Jornada de la Vida Consagrada.

—*José, tras hacer inútiles esfuerzos por no llorar, llora también… Y tú… Y yo.*

Yo, como soy un criadito basto, lloro a moco tendido y clamo al cielo y a la tierra…, por cuando le perdí por mi culpa y no clamé.

Jesús: que nunca más te pierda… Y entonces la desgracia y el dolor nos unen, como nos unió el pecado, y salen de todo nuestro ser gemidos de profunda contrición y frases ardientes, que la pluma no puede, no debe estampar.

Y, al consolarnos con el gozo de encontrar a Jesús —¡tres días de ausencia!— disputando con los Maestros de Israel (Lc 2,46), quedará muy grabada en tu alma y en la mía la obligación de dejar a los de nuestra casa por servir al Padre Celestial».[339]

---

339 ESCRIVÁ DE BALAGUER, JOSEMARÍA, *El Santo Rosario, op. cit..*

MISTERIOS DE LUZ

PRIMER MISTERIO: EL BAUTISMO DE JESÚS EN EL JORDÁN

«El Bautismo que hoy pedís para vuestros hijos los inserta en este intercambio de amor recíproco que existe en Dios entre el Padre, el Hijo y el Espíritu Santo; por este gesto que voy a realizar, se derrama sobre ellos el amor de Dios, y los inunda con sus dones. Mediante el lavatorio del agua, vuestros hijos son insertados en la vida misma de Jesús, que murió en la cruz para librarnos del pecado y resucitando venció a la muerte. Por eso, inmersos espiritualmente en su muerte y resurrección, son liberados del pecado original e inicia en ellos la vida de la gracia, que es la vida misma de Jesús resucitado.
«Él se entregó por nosotros —*afirma san Pablo*— a fin de rescatarnos de toda iniquidad y formar para sí un pueblo puro que fuese suyo, fervoroso en buenas obras» *(Tt 2, 14).*
(…) Al recibir el Bautismo, estos niños obtienen como don un sello espiritual indeleble, el «carácter», que marca interiormente para siempre su pertenencia al Señor y los convierte en miembros vivos de su Cuerpo místico, que es la Iglesia».[340]

SEGUNDO MISTERIO: JESÚS SE AUTOREVELA EN LAS BODAS DE CANÁ

«El significado y el papel que asume la presencia de la Virgen se manifiesta cuando llega a faltar el vino. Ella,

---

340   BENEDICTO XVI, *Homilía*, 9 de enero de 2011, Fiesta del Bautismo del Señor.

como experta y solícita ama de casa, inmediatamente se da cuenta e interviene para que no decaiga la alegría de todos y, en primer lugar, para ayudar a los esposos en su dificultad. Dirigiéndose a Jesús con las palabras: No tienen vino (Jn 2,3), María le expresa su preocupación por esa situación, esperando una intervención que la resuelva. Más precisamente, según algunos exegetas, la Madre espera un signo extraordinario, dado que Jesús no disponía de vino.

La opción de María, que habría podido tal vez conseguir en otra parte el vino necesario, manifiesta la valentía de su fe porque, hasta ese momento, Jesús no había realizado ningún milagro, ni en Nazaret ni en la vida pública.

En Caná, la Virgen muestra una vez más su total disponibilidad a Dios. Ella que, en la Anunciación, creyendo en Jesús antes de verlo, había contribuido al prodigio de la concepción virginal, aquí, confiando en el poder de Jesús aún sin revelar, provoca su «primer signo», la prodigiosa transformación del agua en vino.

De ese modo, María precede en la fe a los discípulos que, como refiere san Juan, creerán después del milagro: Jesús manifestó su gloria, y creyeron en él sus discípulos (Jn 2,11). Más aún, al obtener el signo prodigioso, María brinda un apoyo a su fe».[341]

TERCER MISTERIO: JESÚS PREDICA EL REINO Y LLAMA A LA CONVERSIÓN

«Toda la muchedumbre iba hacia Él, y les enseñaba» (Mc 2,13). Jesús ve aquellas barcas en la orilla y se sube a una. ¡Con qué naturalidad se mete Jesús en la barca de cada uno de nosotros! Cuando te acerques al Señor, piensa que está siempre muy cerca de ti, en ti: regnum Dei intra vos est (Lc 17,21). Lo encontrarás en tu corazón. Cristo debe reinar, antes que nada, en nuestra alma. Para que Él reine en mí, necesito su gracia abundante: únicamente así hasta el último latido, hasta la última respiración, hasta la mirada menos intensa, hasta la palabra más corriente, hasta la sensación más elemental se traducirán en un hosanna a mi Cristo Rey.

---

341   JUAN PABLO II, *Audiencia General*, 26 de febrero de 1997, nn. 1-2.

Duc in altum. —¡*Mar adentro!* —*Rechaza el pesimismo que te hace cobarde.* Et laxate retia vestra in capturam —*y echa tus redes para pescar*».[342]

CUARTO MISTERIO: LA TRANSFIGURACIÓN DE JESÚS EN EL MONTE TABOR

«*Mientras estaban atónitos en presencia del Señor transfigurado, que conversaba con Moisés y Elías, Pedro, Santiago y Juan fueron envueltos repentinamente por una nube, de la que salió una voz que proclamó:* «*Este es mi Hijo amado; escuchadlo*» (Mc 9,7).

Cuando se tiene la gracia de vivir una fuerte experiencia de Dios, es como si se viviera algo semejante a lo que les sucedió a los discípulos durante la Transfiguración: por un momento se gusta anticipadamente algo de lo que constituirá la bienaventuranza del paraíso. En general, se trata de breves experiencias que Dios concede a veces, especialmente con vistas a duras pruebas. Pero a nadie se le concede vivir «en el Tabor» mientras está en esta tierra. En efecto, la existencia humana es un camino de fe y, como tal, transcurre más en la penumbra que a plena luz, con momentos de oscuridad e, incluso, de tinieblas. Mientras estamos aquí, nuestra relación con Dios se realiza más en la escucha que en la visión; y la misma contemplación se realiza, por decirlo así, con los ojos cerrados, gracias a la luz interior encendida en nosotros por la palabra de Dios».[343]

QUINTO MISTERIO: JESÚS INSTITUYE LA EUCARISTÍA

«*Nuestro Salvador, en la última Cena, la noche en que fue entregado, instituyó el Sacrificio Eucarístico de su*

---

342   ESCRIVÁ DE BALAGUER, JOSEMARÍA, *El Santo Rosario, op. cit.*.

343   BENEDICTO XVI, *Ángelus*, del 12 de marzo de 2006.

cuerpo y su sangre para perpetuar por los siglos, hasta su vuelta, el sacrificio de la cruz y confiar así a su Esposa amada, la Iglesia, el memorial de su muerte y resurrección, sacramento de piedad, signo de unidad, vínculo de amor, banquete pascual en el que se recibe a Cristo, el alma se llena de gracia y se nos da una prenda de la gloria futura. La Eucaristía es «fuente y culmen de toda la vida cristiana». Los demás sacramentos, como también todos los ministerios eclesiales y las obras de apostolado, están unidos a la Eucaristía y a ella se ordenan. La sagrada Eucaristía, en efecto, contiene todo el bien espiritual de la Iglesia, es decir, Cristo mismo, nuestra Pascua.

La comunión de vida divina y la unidad del Pueblo de Dios, sobre los que la propia Iglesia subsiste, se significan adecuadamente y se realizan de manera admirable en la Eucaristía. En ella se encuentra a la vez la cumbre de la acción por la que, en Cristo, Dios santifica al mundo, y del culto que en el Espíritu Santo los hombres dan a Cristo y por él al Padre».[344]

---

344   CATECISMO DE LA IGLESIA CATÓLICA, *op. cit.*, nn. 1323-1324.

MISTERIOS DE DOLOR

PRIMER MISTERIO: LA ORACIÓN DE JESÚS EN EL HUERTO

«(...) Cada día en la oración del Padrenuestro pedimos al Señor: hágase tu voluntad en la tierra como en el cielo (Mt 6,10). Es decir, reconocemos que existe una voluntad de Dios con respecto a nosotros y para nosotros, una voluntad de Dios para nuestra vida, que se ha de convertir cada día más en la referencia de nuestro querer y de nuestro ser; reconocemos, además, que es en el cielo donde se hace la voluntad de Dios y que la tierra solamente se convierte en cielo, lugar de la presencia del amor, de la bondad, de la verdad, de la belleza divina, si en ella se cumple la voluntad de Dios. En la oración de Jesús al Padre, en aquella noche terrible y estupenda de Getsemaní, la tierra se convirtió en cielo; la tierra de su voluntad humana, sacudida por el miedo y la angustia, fue asumida por su voluntad divina, de forma que la voluntad de Dios se cumplió en la tierra. Esto es importante también en nuestra oración: debemos aprender a abandonarnos más a la Providencia divina, pedir a Dios la fuerza de salir de nosotros mismos para renovarle nuestro «sí», para repetirle que se haga tu voluntad, para conformar nuestra voluntad a la suya. Es una oración que debemos hacer cada día, porque no siempre es fácil abandonarse a la voluntad de Dios, repetir el sí de Jesús, el sí de María».[345]

---

[345]   BENEDICTO XVI, *Audiencia General,* 1 de febrero de 2012, *La oración de Jesús en Getsemaní.*

SEGUNDO MISTERIO: LA FLAGELACIÓN DEL SEÑOR

«La verdad sobre Cristo, Siervo sufriente, arranca profundamente del Antiguo Testamento. Lo pone de manifiesto la primera lectura de hoy, tomada del Profeta Isaías. Como se sabe, este Profeta es llamado a veces el Evangelista del Antiguo Testamento. Es sorprendente la estrecha relación que hay entre los acontecimientos de la pasión de Cristo y lo que anunció el Profeta muchos siglos antes de los acontecimientos de la Pascua del Señor. Basta reflexionar, por ejemplo, sobre las palabras que antes hemos escuchado: Ofrecí la espalda a los que me golpeaban, la mejilla a los que me tiraban de la barba. No aparté mi rostro a los insultos y salivazos (Is 50,6). Tal vez en ningún otro texto se ha dicho con tanta elocuencia lo que ocurriría durante la pasión de Cristo, empezando por el prendimiento y la prisión, hasta la muerte en la Cruz: Cristo está indefenso; sus enemigos pueden escupirle impunemente al rostro y abofetearlo; es conducido a la columna de la flagelación y azotado terriblemente; antes de la crucifixión sufre los escarnios de todos los que lo azotaban, que continuaron después durante la crucifixión en el Gólgota. Según la visión profética de Isaías, Cristo es el Siervo del Señor verdaderamente sufriente: Quienes honran al Señor, oigan la voz de su Siervo (cf Is 50,10)».[346]

TERCER MISTERIO: JESÚS ES CORONADO CON ESPINAS

«Estamos ante una imagen de dolor, que evoca todas las locuras homicidas, todos los sadismos de la historia. También Jesús ha querido estar en manos de la maldad, a menudo dramáticamente cruel, de los hombres.

Juan nos lleva a transformar nuestra contemplación en oración, adoradora y trepidante, ante el sufrimiento de Jesús, coronado de espinas: Volvió —escribe— a salir Pilato

---

346   JUAN PABLO II, *Homilía*, 6 de febrero de 1996, Santa Misa en Esquipulas, Guatemala.

y les dijo: Mirad, os lo traigo fuera para que sepáis que no encuentro ningún delito en Él. - Salió entonces Jesús fuera llevando la corona de espinas y el manto de púrpura. Díceles Pilato: Aquí tenéis al hombre (Jn 19,4-5).

En realidad, aquel Hombre es el Hijo de Dios que, mediante un sufrimiento inefable, lleva a cumplimiento el plan salvífico del Padre. Él se ha tomado tan en serio nuestros dramas que ha participado de ellos, los ha asumido, ha enriquecido su sentido, los ha transformado en una inesperada posibilidad de vida, de gracia, de comunión con Dios y, por tanto, de gloria.

Desde ese día, toda generación humana está llamada a pronunciarse ante aquel «Hombre» coronado de espinas. Nadie puede permanecer neutral. Es necesario pronunciarse. Y no sólo con las palabras, sino con la vida».[347]

CUARTO MISTERIO: JESÚS CON LA CRUZ A CUESTAS CAMINO DEL CALVARIO

«Jesús es cargado con la cruz (Cf Mt 27,31; Mc 15,16-20; Jn 19,17). El tiempo que pasaba entre la declaración de la sentencia y la ejecución servía para que los soldados se divirtiesen a costa del condenado. Con él pagaban sus frustraciones y sus deseos de venganza de aquel pueblo hostil para ellos. Después de la flagelación y la burla con la corona de espinas, Cristo recibió el travesaño horizontal de la cruz sobre sus espaldas y salió de nuevo a la calle donde le esperaba una multitud que le gritaba y escupía. Jesús encarna los cantos del Siervo de Yahveh (Cf. Is 42,1-9; 49,1-7; 50,4-11; 52,13-53)».[348]

QUINTO MISTERIO: JESÚS MUERE EN LA CRUZ

«Elevemos los ojos, ante todo, hacia Él que cuelga de la Cruz y preguntémonos: ¿quién es éste que sufre? Es el

347   JUAN PABLO II, *Ángelus,* 26 de febrero de 1989.
348   RIVERA CARRERA, NORBERTO, *El Vía Crucis, el camino de la cruz,* artículo electrónico disponible en Bibliografía.

*Hijo de Dios: hombre verdadero, pero también Dios verda-
dero, como sabemos por los Símbolos de la fe. Por ejemplo,
el de Nicea lo proclama Dios verdadero de Dios verdadero...
que por nosotros los hombres y por nuestra salvación bajó del
cielo, se encarnó y padeció (DS. 125). El Concilio de Éfeso,
por su parte, precisa que el Verbo de Dios sufrió en la carne
(DS. 263).*

Dei Verbum passum carne, *es una síntesis admirable
del gran misterio del Verbo encarnado, Jesucristo, cuyos sufrimientos humanos pertenecen a la naturaleza humana, pero se
deben atribuir, como todas sus acciones, a la Persona divina.
¡Se tiene, pues, en Cristo a un Dios que sufre!».* [349]

---

349   JUAN PABLO II, *Audiencia General,* 9 de noviembre de 1988,
El Valor Redentor de la Pasión de Cristo.

MISTERIO DE GLORIA

PRIMER MISTERIO: LA RESURRECCIÓN DEL SEÑOR

«De hecho, el cristiano nos es un profeta de desgracias. ¿Han entendido esto? Nosotros no somos profetas de desgracias. La esencia de su anuncio es lo contrario, lo opuesto a las desgracias: es Jesús, muerto por amor y que Dios lo ha resucitado la mañana de Pascua. Y este es el núcleo de la fe cristiana.

Si los Evangelios se detuvieran en la sepultura de Jesús, la historia de este profeta iría a agregarse a las tantas biografías de personajes heroicos que han dado la vida por un ideal. El Evangelio sería entonces un libro edificante, también consolador, pero no sería un anuncio de esperanza.

Pero los Evangelios no se cierran con el viernes santo, van más allá; y es justamente este fragmento sucesivo el que transforma nuestras vidas. Los discípulos de Jesús estaban desconsolados ese sábado después de su crucifixión; aquella piedra colocada en la puerta del sepulcro había cerrado también los tres años de entusiasmo vividos por ellos con el Maestro de Nazaret».[350]

SEGUNDO MISTERIO: LA ASCENSIÓN DE JESÚS AL CIELO

«La ascensión completa la misión de Jesús en medio de nosotros. De hecho, si es por nosotros que Jesús bajó del

---

350   FRANCISCO, *Audiencia General*, 3 de abril de 2013, Catequesis sobre la alegría de la Resurrección.

cielo, también es por nosotros que asciende. Después de haber descendido en nuestra humanidad y haberla redimido —Dios, el Hijo de Dios, desciende y se hace hombre, toma nuestra humanidad y la redime— ahora asciende al cielo llevando consigo nuestra carne. Es el primer hombre que entra en el cielo, porque Jesús es hombre, verdadero hombre, es Dios, verdadero Dios; nuestra carne está en el cielo y esto nos da alegría. A la derecha del Padre se sienta ya un cuerpo humano, por primera vez, el cuerpo de Jesús, y en este misterio cada uno de nosotros contempla el propio destino futuro. No se trata de un abandono, Jesús permanece para siempre con los discípulos, con nosotros. Permanece en la oración, porque Él, como hombre, reza al Padre, y como Dios, hombre y Dios, le hace ver las llagas, las llagas con las cuales nos ha redimido».[351]

TERCER MISTERIO: LA VENIDA DEL ESPÍRITU SANTO SOBRE LOS APÓSTOLES

«Fortalecida por el Espíritu y provista de una rica visión de fe, una nueva generación de cristianos está invitada a contribuir a la edificación de un mundo en el que la vida sea acogida, respetada y cuidada amorosamente, no rechazada o temida como una amenaza y por ello destruida. Una nueva era en la que el amor no sea ambicioso ni egoísta, sino puro, fiel y sinceramente libre, abierto a los otros, respetuoso de su dignidad, un amor que promueva su bien e irradie gozo y belleza. (…). El mundo tiene necesidad de esta renovación. En muchas de nuestras sociedades, junto a la prosperidad material, se está expandiendo el desierto espiritual: un vacío interior, un miedo indefinible, un larvado sentido de desesperación. ¿Cuántos de nuestros semejantes han cavado aljibes agrietados y vacíos (cf. Jr 2,13) en una búsqueda desesperada de significado, de ese significado último que sólo puede ofrecer el amor? Éste es el don grande y liberador que el Evangelio lleva consigo: él revela nuestra dignidad de hombres y mujeres creados a imagen y semejanza de Dios. Revela la llamada sublime de la humanidad, que es la de encontrar la propia

---

351   FRANCISCO, *Regina Caeli*, 16 de mayo de 2021.

plenitud en el amor. Él revela la verdad sobre el hombre, la verdad sobre la vida».[352]

CUARTO MISTERIO: LA ASUNCIÓN E NUESTRA SEÑORA EN CUERPO Y ALMA AL CIELO

«Assumpta est Maria in coelum: gaudent angeli! *—María ha sido llevada por Dios, en cuerpo y alma, a los cielos: ¡y los Ángeles se alegran!*

Así canta la Iglesia. —Y así, con ese clamor de regocijo, comenzamos la contemplación en esta decena del Santo Rosario: se ha dormido la Madre de Dios. —Están alrededor de su lecho los doce Apóstoles. —Matías sustituyó a Judas. Y nosotros, por gracia que todos respetan, estamos a su lado también.

Pero Jesús quiere tener a su Madre, en cuerpo y alma, en la Gloria. —Y la Corte celestial despliega todo su aparato, para agasajar a la Señora. —Tú y yo —niños, al fin— tomamos la cola del espléndido manto azul de la Virgen, y así podemos contemplar aquella maravilla.

La Trinidad beatísima recibe y colma de honores a la Hija, Madre y Esposa de Dios… —Y es tanta la majestad de la Señora, que hace preguntar a los Ángeles: ¿Quién es esta?».[353]

QUINTO MISTERIO: LA CORONACIÓN DE LA VIRGEN COMO REINA Y SEÑORA DE TODO LO CREADO

«Dadas estas premisas, puede argumentarse así: Si María, en la obra de la salvación espiritual, por voluntad de Dios fue asociada a Cristo Jesús, principio de la misma salvación, y ello en manera semejante a la en que Eva fue asociada a Adán, principio de la misma muerte, por lo cual puede

---

352   BENEDICTO XVI, H*omilía,* 20 de julio de 2008, XXIII Jornada Mundial de la Juventud en Sydney, Hipódromo de Randwick.

353   ESCRIVÁ DE BALAGUER, JOSEMARÍA, *El Santo Rosario, op. cit..*

afirmarse que nuestra redención se cumplió según una cierta «recapitulación», por la que el género humano, sometido a la muerte por causa de una virgen, se salva también por medio de una virgen; si, además, puede decirse que esta gloriosísima Señora fue escogida para Madre de Cristo precisamente para estar asociada a Él en la redención del género humano, y si realmente fue Ella, la que, libre de toda mancha personal y original, unida siempre estrechísimamente con su Hijo, lo ofreció como nueva Eva al Eterno Padre en el Gólgota, juntamente con el holocausto de sus derechos maternos y de su maternal amor, por todos los hijos de Adán manchados con su deplorable pecado; se podrá de todo ello legítimamente concluir que, así como Cristo, el nuevo Adán, es nuestro Rey no sólo por ser Hijo de Dios, sino también por ser nuestro Redentor, así, según una cierta analogía, puede igualmente afirmarse que la Beatísima Virgen es Reina, no sólo por ser Madre de Dios, sino también por haber sido asociada cual nueva Eva al nuevo Adán».[354]

---

354   PÍO XII, Carta Encíclica *Ad Caeli Reginam,* Sobre la realeza de la Santísima Virgen María y la institución de su fiesta, n. 15.

BIBLIOGRAFÍA

FUENTES CONSULTADAS

ALEMÁN, MATEO, *Guzmán de Alfarache*, edición de José María Micó, Editorial Cátedra, Madrid, 2004.

ASTETE, GASPAR, *Catecismo de la Doctrina Cristiana,* 954ª edición, Monte Carmelo, Madrid, 2010.

BÁRCENA, ALBERTO, *La Pérdida de España. Tomo I: De la Hispania Romana al reinado de Alfonso XIII*, Editorial San Román, Madrid, 2019.

BARREIRO CARÁMBULA, IGNACIO, *Revolución contra Dios y soledad del hombre*, Fundación Speiro, en Revista «Verbo», nn. 493-494 (2011).

BENEDICTO XV, *Acta Apostolica Sedis*, vol. 10, 1918.

BENEDICTO XVI, *Ángelus,* 12 de marzo de 2006.

BENEDICTO XVI, *Audiencia General*, 12 de enero de 2011.

BENEDICTO XVI, *Audiencia General*, 24 de noviembre de 2010.

BENEDICTO XVI, *Audiencia General,* 1 de febrero de 2012, La oración de Jesús en Getsemaní.

BENEDICTO XVI, *Audiencia General,* 26 de marzo de 2008.

BENEDICTO XVI, *Carta a la Conferencia Episcopal Española con motivo de la peregrinación nacional al Santuario de Nuestra Señora del Pilar de Zaragoza*, 19 de mayo de 2005.

BENEDICTO XVI, Carta Encíclica *Deus caritas est*, 25 de diciembre de 2005.

BENEDICTO XVI, *Discurso,* 20 de agosto de 2005, XXIII Jornada Mundial de la Juventud en Sydney, Hipódromo de Randwick, Explanada de Marienfeld.

BENEDICTO XVI, *Discurso,* preparado por el Santo Padre Benedicto XVI para el Encuentro con la Universidad de Roma «La Sapienza», 17 de enero de 2008.

BENEDICTO XVI, *Discurso,* 12 de mayo de 2010, Bendición de las Antorchas, Fátima, Portugal.

BENEDICTO XVI, *Discurso,* 22 de septiembre de 2011, Visita al Parlamento Federal, Reichstag, Berlín, Alemania.

BENEDICTO XVI, *Discurso,* 21 de marzo de 2009, Viaje Apostólico a Camerún y Angola: Encuentro con los jóvenes en el Estadio Dos Coqueiros de Luanda.

BENEDICTO XVI, *Homilía,* 24 de abril de 2005, *Santa Misa en la Imposición del Palio y Entrega del Anillo del Pescador en el Solemne Inicio del Ministerio Petrino del Obispo de Roma.*

BENEDICTO XVI, *Homilía,* 13 de mayo de 2010, 10° Aniversario de la Beatificación de los Pastorcillos de Fátima, Fátima, Portugal.

BENEDICTO XVI, *Homilía,* 2 de febrero de 2006, Fiesta de la Presentación del Señor - Jornada de la Vida Consagrada.

BENEDICTO XVI, *Homilía,* 9 de enero de 2011, Fiesta del Bautismo del Señor.

BENEDICTO XVI, *Homilía,* 19 de octubre de 2006, IV Congreso Nacional de la Iglesia Italiana.

BENEDICTO XVI, *Homilía,* 6 de noviembre de 2010, Plaza del Obradoiro, Santiago de Compostela.

BENEDICTO XVI, *Homilía,* 15 de agosto de 2011, Santa Misa en la Solemnidad de la Asunción de la Virgen María a los Cielos, Castelgandolfo.

BENEDICTO XVI, *Homilía,* 20 de agosto de 2011, Vigilia de oración con los jóvenes, en la XXVI Jornada Mundial de la Juventud en Madrid.

BENEDICTO XVI, *Homilía,* 20 de julio de 2008, XXIII Jornada Mundial de la Juventud en Sydney, Hipódromo de Randwick.

BIBLIA DE NAVARRA, Ediciones EUNSA, Pamplona, 2012.

BORROMEO CRESSINI, LUIGI CARLO, *Diario,* 3 de diciembre de 1962.

CACIGAS OCEJO, YOLANDA. *La revista «Vida Nueva», 1967-1976,* Tesis doctoral, Gonzalo Redondo Gálvez (dir. tes.), presentada en la Universidad de Navarra, Pamplona, 2004.

CAFFARRA. CARLO, *No anteponer nada a Cristo,* Homo Legens, 2ª edición, Madrid, 2018.

CALDERÓN DE LA BARCA, PEDRO, *El alcalde de Zalamea,* 14ª edición, Cátedra, Madrid, 2009.

CARDENAL CEREJEIRA, *Diario «A voz», Lisboa,* 8 de septiembre de 1946.

CATECISMO DE LA IGLESIA CATÓLICA, Asociación de Editores del Catecismo, Madrid, 1992.

COCH, STEPHEN, *El fin de la inocencia. Los intelectuales occidentales y la* tentación *de Stalin,* Galaxia Gutenberg, Barcelona, 2024.

CONCILIO VATICANO II, Constitución Dogmática *Lumen Gentium,* 21 de noviembre de 1964.

CONCILIO VATICANO II, Constitución Pastoral *Gaudium et Spes,* 7 de diciembre de 1965.

COSME DO AMARAL, ALBERTO, *Fátima nos caminhos do homem,* Documento Pastoral, Leiria, Portugal, 1973.

DE ÁGREDA, MARÍA JESÚS, *La Mística Ciudad de Dios,* Libro I, 2ª reimpresión, Homo Legens, Madrid, 1992.

DE ALACOQUE, MARGARITA MARÍA, *Obras completas,* Monte Carmelo, Madrid, 2022.

DE CLARAVAL, BERNARDO, *Sermón para la Presentación,* n. 2, en «De los Sermones de san Bernardo, abad. Opera omnia», edición cisterciense, 5, BAC, Madrid, 1968.

DE CLARAVAL, BERNARDO, *Sermón en el domingo infraoctava de la Asunción, 14-15,* en «De los Sermones de san Bernardo, abad. Opera omnia», edición cisterciense, 5, BAC, Madrid, 1968.

DE GRANADA, FRAY LUIS, *Vida de Cristo,* Edibesa, Grandes Firmas, Madrid, 2000.

DE LA VIGUERIE, JEAN, *Cristianismo y Revolución,* Editorial San Román, Madrid, 2023.

DE LLANO SAN CLAUDIO, Margarita. *El Triunfo de la Inmaculada,* 3ª edición, Editorial De Llano San Claudio, Madrid, 2021.

DE LUBAC, HENRI, *El drama del humanismo ateo,* 4ª edición revisada, Editorial San Pablo, Madrid, 2012.

DE Mattei, ROBERTO, *El Concilio Vaticano II: Una historia nunca escrita*, Homo Legens, Madrid, 2018.

DE SANTIAGO y GONZÁLEZ, MANUEL, *Sor Lucia en Tuy,* Editorial San Román, Madrid, 2010.

DE VEGA CARPIO, LOPE FÉLIX, *Pobre barquilla mía*, en «Obras Poéticas», edición de José Manuel Blecua, Planeta, Madrid, 1989.

DEL NIÑO JESÚS, TERESITA, *Obras completas. Manuscrito B*, 2ª edición, Herus, P. (editor), París, 1987.

DEL PORTILLO, ÁLVARO, *Entrevista sobre el fundador del Opus Dei*, realizada por Cesare Cavalleri, 10ª edición, Rialp, Madrid, 1999.

DICCIONARIO DE TEOLOGÍA, voz «increencia», dirigido por CÉSAR Izquierdo, director, Eunsa. Pamplona, 2006.

ESCRIVÁ DE BALAGUER, JOSEMARÍA, *Amar al mundo apasionadamente* (Homilía pronunciada en el campus de la Universidad de Navarra el 8 de octubre de 1967), Ediciones Rialp, Barcelona, 2023.

ESCRIVÁ DE BALAGUER, JOSEMARÍA, *Amigos de Dios,* 36ª edición, Rialp, Madrid, 2021.

ESCRIVÁ DE BALAGUER, JOSEMARÍA, *Carta 11-III-1940,* n. 11, Edición de LUIS CANO, Rialp, Madrid, 2020.

ESCRIVÁ DE BALAGUER, JOSEMARÍA, *Carta* n. 29, Rialp, Madrid, 1946.

ESCRIVÁ DE BALAGUER, JOSEMARÍA, *Carta, 2ª, n. 33,* Edición de LUIS CANO, Rialp, Madrid, 2020.

ESCRIVÁ DE BALAGUER, JOSEMARÍA, *El Santo Rosario*, 3ª edición, Rialp, Madrid, 2007.

ESCRIVÁ DE BALAGUER, JOSEMARÍA, *Es Cristo que pasa,* 46ª edición, Rialp, Barcelona,

ESCRIVÁ DE BALAGUER, JOSEMARÍA, *Forja*, RIALP, Madrid, 2001, n. 69.

ESCRIVÁ DE BALAGUER, JOSEMARÍA, *Surco,* 99ª edición, Rialp, Madrid, 1989.

FLAVIO UBODI, *La Virgen de Citavecchia,* Homo Legens, Madrid, 2019.

FORMENT, EUDALDO, *Compendio de Filosofía Tomista,* Editorial San Román, Madrid, 2025.

FRANCISCO, *Audiencia General*, 2 de diciembre de 2020.

FRANCISCO, *Audiencia General,* 22 de diciembre de 2021, El nacimiento de Jesús.

FRANCISCO, *Audiencia General,* 3 de abril de 2013, Catequesis sobre la alegría de la Resurrección.

FRANCISCO, *Regina Caeli,* 16 de mayo de 2021.

GARCÍA MORENTE, MANUEL, *Diario,* en «Obras completas», Editorial Anthropos, Madrid.

GAZAPO ANDRADE, BIENVENIDO, y CAMBÓN CRESPO, ELIA. *Europa, identidad y misión. Aportación de Juan Pablo II a la construcción de Europa,* Grandes Firmas Edibesa, n. 97, Madrid, 2004.

GONZAGA DA FONSECA, LUIS, *Las Maravillas de Fátima* (traducción de la 9ª edición italiana, 5ª edición española notablemente aumentada por Facundo Jiménez, S.J.), Gráficas Claret, Barcelona, 1948.

HUBER, GEORGES, *El brazo de Dios. Una visión cristiana de la Historia,* Patmos, Rialp, Madrid, 1980.

IACOPONE DA TODI, *Lauda,* edición de Franco Mancini, Roma-Bari-Città di Castello, Gius Laterza & Figli, 1974, *Lauda* 39.

ILLANES, JOSÉ LUIS, *Tratado de Teología Espiritual,* 3ª edición revisada, EUNSA, Pamplona, 2011.

JUAN PABLO II, *Ángelus,* 26 de febrero de 1989.

JUAN PABLO II, *Audiencia General,* 26 de febrero de 1997.

JUAN PABLO II, *Audiencia General,* 9 de noviembre de 1988, El Valor Redentor de la Pasión de Cristo.

JUAN PABLO II, *Audiencia General,* 10 de diciembre de 1997, La Encarnación, ingreso de la eternidad en el tiempo.

JUAN PABLO II, *Audiencia General,* 2 de octubre de 1996.

JUAN PABLO II, Carta Apostólica *Orientale Lumen,* 2 de mayo de 1995.

JUAN PABLO II, Carta Apostólica *Rosarium Virginis Mariae,* 16 de octubre de 2002.

JUAN PABLO II, Carta Encíclica *Dives in misericordia,* 30 de noviembre de 1980.

JUAN PABLO II, Carta Encíclica *Ecclesia de Eucharistia,* 17 de abril de 2003.

JUAN PABLO II, Carta Encíclica *Evangelium Vitae,* 25 de marzo de 1995.

JUAN PABLO II, Carta Encíclica *Redemptoris Mater*, 25 de marzo de 1987.

JUAN PABLO II, *Discurso,* a los jóvenes en Santiago de Chile, 2 de abril de 1987.

JUAN PABLO II, Exortación Apostólica *Ecclesia in Europa,* 28 de junio de 2003.

JUAN PABLO II, *Homilía,* 31 de enero de 1985, *Santuario de Nuestra Señora de la Alborada,* Guayaquil, Ecuador.

JUAN PABLO II, *Homilía,* 6 de febrero de 1996, Santa Misa en Esquipulas, Guatemala.

JUAN PABLO II, *Mensaje,* 6 de mayo de 2001, XXXVII Jornada Mundial de Oración por las Vocaciones.

JUAN PABLO II, *Discurso*, 9 de noviembre de 1982, Acto Europeo en Santiago de Compostela.

KOCH, STEFEN, *El fin de la inocencia,* Ediciones Galaxia Gutenberg, Barcelona, 2024.

KUBY, GABRIELE, *La revolución sexual global. La destrucción de la libertad en nombre de la libertad*, 3ª edición, Didaskalos, Madrid, 2017.

LEITE, FERNANDO, *Jacinta de Fátima*, 5ª edición, Editorial Secretariado Nacional do Apostolado da Oração, Braga, Portugal.

LITURGIA DE LAS HORAS

MACHADO, ANTONIO, *A un olmo seco,* en «La poesía de Antonio Machado», de Luis Carlos Fernández Lobo y María Esther Gulino, Ediciones Akal, Madrid, 1997.

MARÍA LUCÍA DE JESÚS Y DEL CORAZÓN INMACULADO, Sor, *Apelos da Mensagem de Fatima*, Carmelo de Coímbra, Secretariado dos Pastorinhos, Fátima, Portugal.

MARÍA LUCÍA DE JESÚS y DEL CORAZÓN INMACULADO, Sor, *Cómo veo el Mensaje a través de los tiempos y de los acontecimientos*, Carmelo de Coímbra, Secretariado de los Pastorcitos, 2006.

MARÍA LUCÍA DE JESÚS y DEL CORAZÓN INMACULADO, SOR, *Memorias de la Hermana Lucia*, Tomo IV, II, nº 8, Carmelo de Coímbra, Fátima, Secretariado de los Pastorcitos.

MARÍA LUCÍA DE JESÚS y DEL CORAZÓN INMACULADO, Sor, *Memorias,* edición crítica de Cristina Sobral, Fátima, Portugal, 2016.

MARÍA LUCÍA DE JESÚS y del CORAZÓN INMACULADO, SOR, *Memorias*, I, 4ª M, cap. II, nº 4, Carmelo de Coímbra, Fátima, Secretariado de los Pastorcitos.

MARÍA LUCÍA DE JESÚS y DEL CORAZÓN INMACULADO, SOR, *O Meu caminho, I, p. 10,* Carmelo de Coímbra, tomado de: *Um Caminho sob o olhar de María,* Ediçôes Carmelo, Fátima, 2013.

MARTÍNEZ SELLÉS, MANUEL, *Verdades incómodas para personas autónomas,* Rialp, Madrid, 2025.

MARTÍNS, ANTONIO MARÍA, *El futuro de España en los documentos de Fátima,* Fe Católica Ediciones, Madrid, 1977.

MORO, TOMÁS, SANTO, *Carta de Santo Tomás Moro a su hija Margarita,* en «*Cartas*», Editorial Acantilado, Madrid, 2010.

MÜLLER, GERHARD, *Eucaristía e sacrificio,* en «Mysterium Redemptionis», Congreso Internacional de Fátima, «*Do Sacrificio de Cristo á dimensâo sacrificial da existencia cristâ*», Santuario de Fátima, 2002.

NEVES, JOÂO CESAR DAS, *O século de Fátima,* Editorial Principia, Madrid, 2002.

PABLO VI, *Carta a los Directores de Santuarios Marianos,* 1 de mayo de 1971.

PABLO VI, Exhortación Apostólica *Marialis Cultus,* 2 de febrero de 1974.

PEÑA, ÁNGEL, *Vera Grita y los Sagrarios vivientes,* Ediciones S. Millán, Lima, 2019.

PÉREZ LÓPEZ, PABLO, *De mayo del 68 a la cultura woke,* Ediciones Palabra, Madrid, 2024.

PÉREZ-BOCCHERINI STAMPA, CARLOS, *El alma católica. El pensamiento del Cardenal Marcelo González Martín,* Homo Legens, Madrid, 2023.

PÍO X, Carta Encíclica *Pascendi Dominici gregis,* 8 de septiembre de 1907.

PÍO XII, Carta Encíclica *Ad Caeli Reginam,* 11 de octubre de 1954, Sobre la realeza de la Santísima Virgen María y la institución de su fiesta.

PÍO XII, Carta Encíclica *Mystici Corporis Christi,* 29 de junio de 1943.

PÍO XII, Carta Encíclica *Summi Pontificatus,* 20 de octubre de 1939.

PÍO XII, *Discurso a la Acción Católica Italiana*, 8 de diciembre de 1953.

RATZINGER, JOSEPH, *En el Principio creó Dios. Consecuencias de la Fe en la Creación*, EDICEP, Madrid, 2001.

RATZINGER, JOSEPH, *La Nueva Europa, Identidad y Misión*, BAC, Madrid, 2022.

RIVERO, LUIS, *El tesoro de la Eucaristía: Anticipo del Cielo*, Credo Ediciones, Madrid, 2014.

SAN AGUSTÍN, *Confesiones*, bac, Madrid, 2023.

SARAH, ROBERT, *Se hace tarde y anochece,* Palabra, Madrid, 2019.

SESÉ, JAVIER, *La conciencia de la filiación divina, fuente de vida espiritual*, en «Scripta Theologica» n. 31 (2), EUNSA, Pamplona, 1999.

SOLDO, MIRJANA, *Mi Corazón triunfará*, Libros Libres, Madrid, 2016.

SOUSA DA SILVA, MANUEL FERNANDO, *Los Pastorcitos de Fátima*, Editorial San Román, Madrid, 2017, p. 114.

Un Monje Benedictino, *In sinu Iesu,* Angélico Press, Nueva York, 2016.

REFERENCIAS ELECTRÓNICAS

ALFONSO FERREIRA, CRISTIAN ANDRÉS, *El mensaje de Fátima: Al final, mi Corazón Inmaculado triunfará*, 13 de mayo de 2019, artículo disponible en https://formacioncatolica.org/el-mensaje-de-fatima-al-final-mi-corazon-inmaculado-triunfara/

Aurora Boreal de Fátima en los periódicos, por ejemplo, el Diario «El Mundo» (Madrid, España), disponible en https://www.el-mundo.es/elmundo/2013/01/23/ciencia/1358933296.html

BALLESTEROS, JUAN DIEGO, *Alimento de vida* eterna, artículo disponible en https://es.catholic.net/op/articulos/6427/cat/302/eucaristia-y-sagrario.html

DAMASCENO, JUAN, *Historia eutiquiana*, Libro II, cap. 40, citado en «Documentos históricos sobre la Asunción», artículo disponible en https://es.catholic.net/op/articulos/15444/cat/653/documentos-historicos-sobre-la-asuncion.html

EDITORIAL, Revista «Christian Order», noviembre de 2000, disponible en https://christianorder.com/editorials/editorial_2000-11.html

Ex espía de la Unión Soviética: *Nosotros creamos la Teología de la Liberación*, disponible en https://www.aciprensa.com/noticias/ex-espia-de-la-union-sovietica-nosotros-creamos-la-teologia-de-la-liberacion-45686.

FACCIA SERRANO, ELIA (traductora): *Así pagó el emperador Carlos de Habsburgo su resistencia a las presiones de la masonería europea*, disponible en: https://www.religionenlibertad.com/cultura/838413589/Asi-pago-el-emperador-Carlos-de-Habsburgo-resistencia-a-las-presiones-de-la-masoneria-europea.html.

FERNÁNDEZ DÍAZ, JORGE, *El diluvio de sangre (I)*, Diario «La Razón», Madrid, 20 de enero de 2024, disponible electrónicamente en https://www.larazon.es/sociedad/designios-providencia-hay-meras-coincidencias_2024012065aadbc6d8aa250001cbf007.html

GARCÍA NINET, ANTONIO, *Nietzsche: la «muerte de Dios»*, 2020, artículo disponible en https://laicismo.org/nietzsche-la-muerte-de-dios/222017.

IDA PEERDEMAN: *https://www.de-vrouwe.info/es#:~:text=El%2025%20de%20marzo%20de%201945%20la%20Stma.,2002%2C%20el%20actual%20Obispo%20diocesano%20de%20%C3%81msterdam%2C%20Mons.*

INFOCATÓLICA: Revelaciones privadas. Hermana Lucía explica que la devoción al Inmaculado Corazón de María es un «deber», disponible en https://www.infocatolica.com/?t=noticia&cod=37958.

LÓPEZ, EULOGIO, *Cuando el progresista Salustiano Olózaga se ensañó con Sor Patrocinio, un personaje de gran actualidad*, Revista «Hispanidad», 22 de junio de 2024, disponible en https://www.hispanidad.com/sociedad/cuando-progresista-salustiano-olozaga-se-ensano-con-sor-patrocinio-personaje-gran-actualidad_12052020_102.htmlm

LÓPEZ, EULOGIO: «*Las dos batallas de nuestra era*», artículo electrónico en la revista «Hispanidad», el 15 de mayo de 2022, disponible en https://www.hispanidad.com/sociedad/dos-batallas-nuestra-era_12033986_102.html.

LORDA, JOSÉ LUIS, *El drama del humanismo ateo, de Henri de Lubac*, en la Revista «Omnes», disponible en https://omnesmag. com/recursos/el-drama-del-humanismo-ateo-de-henri-de-lubac/

MAYOR OREJA, JAIME, *Hay una moda que se dedica a destruir los valores de la civilización cristiana*, Diario ABC, 18 de febrero de 2019, disponible en https://www.abc.es/sociedad/abci-mayor-ore-ja-moda-dominante-dedica-destruir-valores-civilizacion-cristia-na-201902180214_noticia.html

MAZUELO-LEYTÓN, GERMÁN, *Fátima y las bestias apocalíp-ticas*, del 23 de enero de 2017, artículo disponible en https://ade-lantelafe.com/fatima-las-bestias-apocalipticas/.

ORDOVÁS, JAVIER, *La Iglesia fundada por Jesucristo: 20 siglos de experiencia*. Artículo disponible en https://es.catholic.net/op/ articulos/64124/cat/1173/la-iglesia-fundada-por-jesucristo-20-si-glos-de-experiencia.html#modal.

PASCUAL, FERNANDO: *San Juan de la Cruz Pon amor y sacarás amor*, s.f., disponible en https://es.catholic.net/op/articulos/30484/ cat/884/san-juan-de-la-cruz-pon-amor-y-sacaras-amor.html

PEÑA, ÁNGEL, *Vera Grita y los Sagrarios vivientes*, Ediciones S. Millán, Lima, 2019, p. 4. Vid. PEÑA, ÁNGEL, *María y la Eu-caristía*, en «Reflexiones y meditaciones», disponible en http:// libroscatolicos.org/libros/mariaysantos/vera_grita_sagrarios.pdf

RATZINGER, JOSEPH, *Europa en la crisis de las culturas, Con-ferencia en el Monasterio de Santa Escolástica al recibir el Pre-mio «San Benito por la promoción de la vida y de las familias en Europa»*, Subiaco, Italia, 1 de abril de 2005, disponible en formato electrónico en https://www.almudi.org/articulos-anti-guos/7546-las-crisis-de-las-culturas-joseph-ratzinger?tmpl=com-ponent&format=pdf

REDACCIÓN ESdiario, artículo de fecha del 01 de enero de 2023, disponible en https://www.esdiario.com/nacional/230101/101451/ benedicto-advirtio-diablo-destruir-espana.html.

RIVERA CARRERA, CARDENAL NORBERTO, *El Vía Crucis, el camino de la cruz*, artículo electrónico disponible en https:// mercaba.org/ARTICULOS/V/via_crucis_el_camino_de_la_ cruz.htm.

RODRÍGUEZ LUÑO, ÁNGEL, *Muy humanos, muy divinos (III): Buscar los sentimientos de Cristo*, artículo electrónico disponible en https://opusdei.org/es/article/muy-humanos-muy-divi-nos-iii-buscar-los-sentimiento/

SCHWIZER, NICOLÁS, *Reflexiones,* n. 183, agosto de 2016, disponible electrónicamente en https://www.schoenstatt.org/wp-content/uploads/2008/12/183-PN-La-Asuncion-de-Maria.pdf

SCROSATI, LUISELLA, *Maria non usurpa Cristo, ma condivide la Redenzione,* artículo electrónico publicado en «La nuova bussola quotidiana» el 16 de diciembre de 2019, *«Una reflexión sobre los motivos existentes para declarar a la Virgen con el título de Corredentora»,* disponible en https://lanuovabq.it/it/maria-non-usurpa-cristo-ma-condivide-la-redenzione

VALLEJO, VANESSA, *¿Por qué incendian iglesias en Chile?: una guerra irregular contra Occidente.* PanAm Post, 18 de noviembre de 2019, disponible en https://es.panampost.com/vanessa-araujo/2019/11/18/por-que-incendian-iglesias-en-chile-una-guerra-irregular-contra-occidente/..

VARGAS GALINDO, FRANCISCO JAVIER, *Sobre Gramsci y su influencia en la revolución cultural de nuestro tiempo,* en «Analítica», 27 de marzo de 2019, artículo disponible en https://www.analitica.com/opinion/sobre-gramsci-y-su-influencia-en-la-revolucion-cultural-de-nuestro-tiempo.

VISONO, MARÍA ASSUMTA ISABELLA (Bella Dodd), *La Hoja de Ruta del enemigo para destruir la Civilización Cristiana,* video disponible en https://www.youtube.com/watch?v=gzjfrFgs1Z8.

VV.AA., *¿Qué es la vocación? ¿Todos tenemos vocación? Varias preguntas sobre el discernimiento vocacional respondidas con explicaciones del Catecismo de la Iglesia Católica, apoyadas con textos de san Josemaría Escrivá,* artículo electrónico disponible en https://opusdei.org/es/article/que-es-la-vocacion-llamada-dios-discernimiento-vocacional/

WOJTYLA, KAROL, *Discurso durante el Congreso Eucarístico de 1976 en Filadelfia (Pensilvania), con motivo de la celebración del Bicentenario de la firma de la Declaración de la Independencia de EE.UU.,* Filadelfia, artículo disponible en https://www.proyecto-emaus.com/el-discurso-del-entonces-cardenal-wojtyla-que-muchos-prefieren-soterrar/..